PRENTICE HALL
Selecciones
LITERARIAS

COPPER

BRONZE

SILVER

PRENTICE HALL
Upper Saddle River, New Jersey
Needham, Massachusetts

ISBN 0-13-052394-1

2 3 4 5 6 7 8 9 10   01 00

Cover: Student Art *Un dibujo de tiempos pasados (A Portrayal of Times Past),* Vincent Valdez, Burbank High School, San Antonio, Texas

PRENTICE HALL

Contributing Editor

Jacqueline Kiraithe-Córdova, Ph.D.
Professor of Spanish, TESOL and Foreign Language Teacher Education
Department of Foreign Languages and Literatures
California State University, Fullerton

Acknowledgments

Review Board

Diana Hinojosa
Teacher
Rio Grande Independent School District
Rio Grande City, Texas

Robert Lopez
Teacher
Gage Middle School
Huntington Park, California

Cecilia Martinez Langley
Teacher
Coral Way Elementary
Miami, Florida

Leticia Ramirez
Teacher
Tomball Independent School District
Tomball, Texas

Editorial, design, and production coordination by Curriculum Concepts.

Art credits begin on page 151.

Grateful acknowledgment is made to the following for permission to reprint copyrighted material:

Arte Público Press
"Immigrants" by Pat Mora is translated and reprinted with permission from the publisher of *Borders* (Houston: Arte Público Press-University of Houston, 1986)

Agencia Literaria Carmen Balcells, S.A.
"El diario a diario" from *Historias de cronopios y de famas* © 1962, Julio Cortázar. "Hombre junto al muelle" by Daniel Moyano from *Cuentos verdes: El hombre y la naturaleza.* Copyright © Desde la Gente, Instituto Movilzador de Fondos Cooperativos, C.L., 1993. Reprinted by permission of Agencia Literaria Carmen Balcells, S.A.

Susan Bergholz Literary Services, and Grupo Santillano
"Mi Nombre" by Sandra Cisneros, from *La Casa en Mango Street* Copyright © by Sandra Cisneros 1984. Translation copyright © by Elena Poniatowska 1994. Published by Vintage Español, a division of Random House, Inc., New York. Reprinted by permission of Susan Bergholz Literary Services, New York, and Grupo Santillano. All rights reserved.

(Continued on page 150)

Contenido

El "yo" que ven

Cuando se cruzan los caminos

La decisión apropiada

Eres tú la solución

Despliegue de comunicación

Lee activamente

¿Cómo se relaciona esta lectura con mi mundo?

¿Cómo puedo aprovechar mejor lo que leo?

La respuesta a preguntas como éstas es ser un lector activo, un lector comprometido. ¡Como lector activo, tú mismo estás a cargo de la situación de la lectura!

Las siguientes estrategias te indican cómo pensar como lector activo. Siéntete libre de elegir aquéllas que se adecuan mejor a cada situación.

ANTES DE LEER

INTRODUCCIÓN

¿Qué te sugieren los títulos y las ilustraciones? ¿De qué tratará la selección?

HAZTE ESTAS PREGUNTAS

¿Qué quiere comunicar el autor con su lectura?

¿Qué aprendes con el tema?

¿Cómo se relaciona esta selección con tu vida?

APLICA LO QUE SABES

¿Qué sabes ya?

MIENTRAS LEES

ADIVINA

¿Qué pasará? ¿Por qué? Puedes cambiar de opinión a medida que vas leyendo.

PREGÚNTATE

¿De qué trata la lectura?
¿Por qué hacen los personajes lo que hacen?
¿Por qué te da el autor ciertos detalles o usa una palabra determinada? Tus preguntas te ayudarán a inferir y verificar los hechos.

VISUALIZA

¿Cómo serían estos sucesos y personajes en una película? ¿Cómo se reflejarían las descripciones del escritor en una fotografía?

RELACIONA

¿Son los personajes como tú, o como alguien que tú conoces? ¿Qué harías tú en situaciones similares?

DESPUÉS DE LEER

RESPONDE

Comenta lo que has leído.
¿Qué piensas?

EVALÚATE

¿Cómo te fue?
¿Fueron acertadas tus predicciones?
¿Encontraste respuesta a tus preguntas?

CONTINÚA

Muestra lo que sabes. Involúcrate.
Haz un proyecto. Sigue aprendiendo.

El ejemplo que se muestra en la página siguiente, ilustra lo que pensó Yesenia Peralta mientras leía activamente "El agutí y el ciervo".

Me llamo Yesenia Peralta. Estudio en "Gage Middle School" de Huntington Park, en California. Me gustó este cuento porque me hizo comprender que cazar no siempre es bueno. Las anotaciones que aparecen en los márgenes del texto demuestran lo que pensaba y las preguntas que se me ocurrieron según leía.

Yesenia Peralta

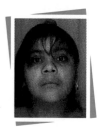

Yo creo por el título que se trata de animales. Me va a enseñar como viven los animales. Puede que esté relacionado con la vida del autor. [Introducción]

El agutí y el ciervo

Horacio Quiroga

Lo que yo sé de los animales es que comen casi todo lo que la gente come. [Aplica lo que sabes]

¿Por qué mataba a los animales? Yo creo que él va a seguir matando animales. Puede que regrese a lo mismo. El tenía en su mente que quería matar. [Adivina]

Lo que quiere comunicar el autor es que él mataba por necesidad. Yo nunca he matado un animal ni mataré nunca. [Adivina]

El amor a la caza es tal vez la pasión que más liga al hombre moderno con su remoto pasado. En la infancia es, sobre todo, cuando se manifiesta más ciego este anhelo de acechar[1], perseguir y matar a los pájaros, crueldad que sorprende en criaturas de corazón de oro. Con los años, esta pasión se aduerme; pero basta a veces una ligera circunstancia para que ella resurja con violencia extraordinaria.

Yo sufrí una de estas crisis hace tres años, cuando hacía ya diez años que no cazaba.

Una madrugada de verano fui arrancado del estudio de mis plantas por el aullido de una jauría de perros de caza que atronaban el monte, muy cerca de casa. Mi tentación fue grande, pues yo sabía que los perros de monte no aúllan sino cuando han visto ya a la bestia que persiguen al rastro.

Durante largo rato, logré contenerme. Al fin no pude más y, machete en mano, me lancé tras el latir de la jauría.

En un instante estuve al lado de los perros, que trataban en vano de trepar a un árbol. Dicho árbol tenía un hueco que ascendía hasta las primeras ramas y, aquí dentro, se había refugiado un animal.

Durante una hora busqué en vano cómo alcanzar a la bestia, que gruñía con violencia. Al fin distinguí una

---

1. **acechar:** observar, aguardar cantelosamente

grieta en el tronco, por donde vi una piel áspera y cerdosa. Enloquecido por el ansia de la caza y el ladrar sostenido de los perros, que parecían animarme, hundí por dos veces al machete dentro del árbol.

Volví a casa profundamente disgustado de mí mismo. En el instante de matar a la bestia roncante, yo sabía que no se trataba de un jabalí ni cosa parecida. Era un agutí, el animal más inofensivo de toda la creación. Pero, como hemos dicho, yo estaba enloquecido por el ansia de la caza, como los cazadores.

Pasaron dos meses. En esa época nos regalaron un ciervito que apenas contaría siete días de edad. Mi hija, aún niña, lo criaba con mamadera[2]. En breve tiempo, el ciervito aprendió a conocer las horas de su comida y surgía entonces del fondo de los bambués a lamer el borde del delantal de mi chica, mientras gemía con honda y penetrante dulzura. Era el mimado de casa y de todos nosotros. Nadie, en verdad, lo ha merecido como él.

Tiempo después regresamos a Buenos Aires y trajimos al ciervito con nosotros. Lo llamábamos Dick. Al llegar al chalet[3] que tomamos en Vicente López, resbaló en el piso de mosaico, con tan poca suerte que horas después rengueaba aún.

2. **mamadera:** biberón
3. **chalet:** casa de madera de estilo suizo

Yo creo que el animal estaba atrapado en el árbol. Cuando él pegó con el machete contra el árbol, yo creo que quiso liberar al animal. [Responde]

Lo que aprenderé del cuento es a no matar animales. [Adivina]

La selección se relaciona a mi vida en que yo voy a cambiar mi forma de ser. Yo creo que encontraron a Dick con su mamá. ¿Por qué no dejan que Dick se vaya? [Relaciona]

Palabras básicas

grieta: hendedura, abertura
enloquecido: loco, profundamente trastornado

Muy abatido, fue a echarse entre el macizo de cañas de la quinta, que debían recordarle vivamente sus selvosos bambúes de Misiones. Lo dejamos allí tranquilo, pues el tejido de alambre alrededor de la quinta garantizaba su permanencia en casa.

Ese atardecer llovió, como había llovido persistentemente los días anteriores y, cuando de noche regresé del centro, me dijeron en casa que el ciervito no estaba más.

La sirvienta contó que, al caer la noche, creyeron sentir chillidos afuera. Inquietos, mis chicos habían recorrido la quinta con la linterna eléctrica, sin hallar a Dick.

Nadie durmió en casa tranquilo esa noche. A la mañana siguiente, muy temprano, seguía en la quinta el rastro de las pisadas del ciervito, que me llevaron hasta el portón. Allí comprendí por dónde había escapado Dick, pues las puertas de hierro ajustaban mal en su parte inferior. Afuera, en la vereda de tierra, las huellas de sus uñas persistían durante un trecho, para perderse luego en el barro de la calle, trilladísimo por el paso de las vacas.

La mañana era muy fría y lloviznaba. Hallé al lechero de casa, quien no había visto a Dick. Fui hasta el almacén, con igual resultado. Miré, entonces, a todos lados en la mañana desierta: nadie a quien pedir informes de nuestro ciervito.

Buscando a la ventura, lo hallé, por fin, tendido contra el alambrado de un terreno baldío. Pero estaba muerto de dos balazos en la cabeza.

Es menester haber criado con extrema solicitud —hijo, animal o planta— para apreciar el dolor de ver concluir en el barro de un callejón de pueblo a una dulce criatura de monte, toda vida y esperanza. Había sido muerta de dos tiros en la cabeza. Y para hacer esto se necesita...

Bruscamente me acordé de la interminable serie de dulces seres a quienes yo había quitado la vida. Y recordé al agutí de tres meses atrás, tan inocente como nuestro ciervito. Recordé mis cacerías de muchacho; me vi retratado en el chico de la vecindad, que la noche anterior, a pesar de sus balidos, y ebrio de caza, le

Los personajes buscan a Dick porque lo quieren. Si estos personajes se presentaran en una película sería divertida. [Visualiza]
Si yo tuviera un animal tambien haría lo mismo que ellos. [Relaciona]

Si yo me encontrara en una situación igual no sabría que hacer. [Relaciona]

Los personajes no se parecen a mi, sino a mi hermano, por que él mataba pájaros y eso es lo mismo. [Relaciona]

¿Por qué mataba animales de niño? [Pregúntate]

Palabras básicas

trilladísimo: camino muy frecuentado
lloviznaba: lluvia menuda
cacerías: partidas de caza

había apoyado por dos veces en la frente su pistola matagatos.

Ese chico, como yo a su edad, también tenía el corazón de oro...

¡Ah! ¡Es cosa fácil quitar cachorros a sus madres! ¡Nada cuesta cortar bruscamente su paz sin desconfianza, su tranquilo latir! Y cuando un chico animoso mata en la noche a un ciervito, duele el corazón horriblemente, porque el ciervito es nuestro...

Mientras lo retornaba en brazos a casa, aprecié por primera vez en toda su hondura lo que es apropiarse de una existencia. Y comprendí el valor de una vida ajena cuando lloré su pérdida en el corazón.

Horacio Quiroga (1878–1937) Nació en Salto, Uruguay; murió en Buenos Aires, Argentina. Escribió poesia y dos novelas. Pero su forma literaria preferida fue el cuento con que logró destacarse como "uno de los maestros del cuento cuyo arte domina como nadie en América". Escribió varios volúmenes de los cuales se destacan: *Cuentos de amor, de locura y de muerte* (1917), *Cuentos de la selva* (1918), *El salvaje* (1920), *Anaconda* (1921) y *El más allá* (1935).

¿Porque él no puede olvidar lo que hizo de muchacho? [Responde]

Yo sentí tristeza porque el ciervito se murió. Algunas de mis predicciones resultaron correctas. Encontré las respuestas a algunas de mis preguntas. [Evaluate]

Responde

- ¿Qué opinas de la caza de animales?
- ¿Reaccionarías de la misma forma que lo hizo Quiroga?

Analiza la lectura

Recuerda

1. ¿Qué sucede en "El agutí y el ciervo?
2. ¿Qué siente el autor al final del relato?

Interpreta

3. ¿Cómo crees que se origina la pasión por la caza?
4. ¿Por qué crees que el hombre mata a animales inofensivos?
5. ¿Qué sentimientos tiene el autor hacia los animales?

Aplica lo que sabes

6. ¿Por qué crees que valoramos más la vida de los animales que viven y crecen con nosotros?

Para leer mejor

Comparación de sentimientos

En los relatos los autores suelen comparar los sentimientos que experimentan los personajes o narradores ante distintas situaciones en diferentes períodos de sus vidas.

1. En "El agutí y el ciervo" Horacio Quiroga describe los sentimientos contradictorios del narrador ante al tema de la caza de animales inofensivos.

En una tabla como la que sigue, escribe los sentimientos de atracción y rechazo hacia la caza que encuentres en el texto.

Atracción	Rechazo

2. ¿Qué es lo que provoca al narrador a cambiar de idea frente a la acción de cazar indiscriminadamente?

Ideas para escribir

Relato Escribe un cuento o relato en el que expreses sentimientos contradictorios ante a una misma situación.

Ideas para proyectos

Averigua Haz una investigación acerca de la legislación existente que protege los derechos de los animales. Trata de comunicarte con organizaciones que defienden la vida animal y averigua cuáles son las denuncias más frecuentes que la organización recibe en la región donde vives y cuál puede ser tu aporte para evitar la matanza indiscrimada de animales. Redacta un informe que refleje el resultado de tus investigaciones.

¿Estoy progresando?

Contesta las siguientes preguntas en tu diario.

¿Qué he aprendido sobre la exposición de sentimientos del narrador y los personajes en un texto?

¿Qué he aprendido acerca del respeto que le debemos a cualquier forma de vida?

El "yo" que ven

Gemini I Lev T. Mills *Evans-Tibbs Collection*

¡Entérate!

Formas parte de un grupo de personas con quienes tienes mucho en común, y a la vez eres una persona única y diferente a los demás. ¿Qué es lo que te da una identidad personal? Es posible que te preguntes: ¿Cuál es mi "yo verdadero"? ¿Qué cosas me inspiran? ¿Cómo muestro mis talentos?

Actividades

En grupo Hablen de los factores que hacen que una persona sea distinta o parecida a otra gente: por ejemplo, la familia, el nombre o apodo, las amistades, el género, las raíces étnicas, regionales y nacionales y las características personales. Reflexionen sobre la importancia relativa de cada factor.

Actividades

Por tu cuenta Escribe tu nombre en el centro de una hoja de papel. Alrededor de tu nombre traza varias líneas hacia la derecha y la izquierda, en forma de telaraña. Sobre las líneas de la izquierda, escribe lo que tienes en común con tus amigos y compañeros de clase. En las de la derecha, escribe lo que te hace una persona distinta y única.

Menú de proyectos . . . .

Piensa en los siguientes proyectos y escoge uno que te interese. Hay más detalles en la página 34.

- **Un drama basado en tu familia**
- **Un reportaje científico sobre tu "yo verdadero"**
- **Un diccionario de nombres de personas de diversos países y culturas**

Mi nombre de Sandra Cisneros
Caricia de Gabriela Mistral
Primero de secundaria de Gary Soto
Aprendizajes de María Rosa Oliver

¿Quién soy yo y cómo me defino?

Aplica lo que sabes

Piensa en los elementos que han producido tu "yo verdadero". Quizás sea una combinación de muchos acontecimientos de tu vida y de recuerdos especiales de tu niñez. Quizás recuerdes un momento en que querías que alguien muy especial tuviera una buena opinión sobre ti. Tu "yo verdadero" incluye tu nombre, las tradiciones de tu familia, y tus sentimientos hacia tu familia y tu hogar.

Reflexiona sobre una persona, un nombre, un lugar o un acontecimiento de tu vida que haya sido muy importante para ti. Explícales a tus compañeros de clase cómo escogieron tu nombre.

Lee activamente
Las inferencias

Inferir quiere decir tratar de entender el verdadero significado de lo que se dice, lo que se hace y de la apariencia física de una persona. Haz una gráfica como la que sigue a medida que leas.

Personaje	Palabras, actos o apariencia física	Inferencias
Esperanza "Mi nombre"		
El hijo "Caricia"		
Víctor "Séptimo grado"		
La niña "Aprendizajes"		

Mi nombre

Sandra Cisneros

Traducción de
Elena Poniatowska

En inglés mi nombre quiere decir esperanza. En español tiene muchos significados. Quiere decir tristeza, esperar. Es como el número nueve, como un color lodoso. Es los discos mexicanos que toca mi padre los domingos en la mañana cuando se rasura, canciones como sollozos.

Era el nombre de mi bisabuela y ahora es mío. Una mujer caballo nacida como yo en el año chino del caballo—que se supone es de mala suerte si naces mujer—pero creo que esa es una mentira china porque a los chinos, como a los mexicanos, no les gusta que sus mujeres sean fuertes.

Mi bisabuela. Me habría gustado conocerla, un caballo salvaje de mujer, tan salvaje que no se casó sino hasta que mi bisabuelo la echó de cabeza a un costal y así se la llevó nomás, como si fuera un candelabro elegante, así lo hizo.

Dice la historia que ella jamás lo perdonó. Toda su vida miró por la ventana hacia afuera, del mismo modo en que muchas mujeres apoyan su tristeza en su codo. Yo me pregunto si ella hizo lo mejor que pudo con lo que le tocó, o si estaba arrepentida porque no fue todas las cosas que quiso

Palabras básicas

lodoso: color de lodo, barro
candelabro: candelero con varios brazos para poner velas

ser. Esperanza. Heredé su nombre, pero no quiero heredar su lugar junto a la ventana.

En la escuela pronuncian raro mi nombre, como si las sílabas estuvieran hechas de hojalata y lastimaran el paladar. Pero en español, mi nombre está hecho de algo más suave, como la plata, no tan grueso como el de mi hermanita—Magdalena—que es más feo que el mío. Magdalena, que por lo menos puede llegar a casa y hacerse Nenny. Pero yo siempre soy Esperanza.

Me gustaría bautizarme yo misma con un nombre nuevo, un nombre más parecido a mí, a la de veras, a la que nadie ve. Esperanza como Lisandra o Maritza o Zezé la X. Sí, algo así como Zezé la X estaría bien.

Palabras básicas

heredé: recibí lo que me dejó alguien
hojalata: lámina de metal. Se usa, entre otras cosas, para la fabricación de latas de conserva

Responde

¿Cuántos significados tiene tu nombre? ¿Qué piensas de tu propio nombre?

Sandra Cisneros (1954–) dice que vivir con sus seis hermanos y su papá era como tener "siete padres". Entre las experiencias de su niñez recuerda haber cambiado de casa muchas veces, como también haber sido frecuentemente la niña nueva en la escuela, y haberse sentido muy tímida. Dice: "ansío ver los libros que escribiré a los setenta años".

CARICIA

Gabriela Mistral

Madre, madre, tú me besas;
pero yo te beso más.
Como el agua en los cristales,
son mis besos en tu faz.
5   Te he besado tanto, tanto,
que de mí cubierta estás
y el enjambre[1] de mis besos
no te deja ya mirar...
Si la abeja se entra al lirio,
10 no se siente su aletear.
Cuando tú al hijito escondes,
no se le oye respirar...
Yo te miro, yo te miro,
sin cansarme de mirar,
15 y qué lindo niño veo,
a tus ojos asomar...
El estanque copia todo
lo que tú mirando estás:
pero tú, en los ojos, copias
20 a tu niño y nada más.
Los ojitos que me diste,
yo los tengo que gastar,
en seguirte por los valles,
por el cielo y por el mar...

———————
1. **enjambre:** gran número de abejas o
de personas

Madre Campesina, 1924
David Alfaro Siqueiros /Col.
INBA, acervo MAM

 **Responde**

¿Qué edad tiene este
niño? Escribe la descripción
de alguien que fue importante
para ti, cuando tenías esa
misma edad.

Palabras básicas

cristales: vidrios incoloros, en este
poema significa ventanas
faz: cara, rostro
estanque: receptáculo de agua
construido para almacenar agua,
lago artificial pequeño

Gabriela Mistral, poetisa chilena, celebra en sus
versos la naturaleza y la belleza de su país. Ha dicho
que durante su juventud, la naturaleza le "suplía la
falta de amistad" y que desde entonces le ha valido
tanto como las amistades. Sus poemas traen un
aspecto maravilloso a "las cosas de la tierra".

Primero de secundaria

Gary Soto

El primer día de clases Víctor estuvo parado en una cola media hora antes de llegar a una tambaleante mesa de juegos. Se le entregó un fajo de papeles y una ficha de computadora en la que anotó su única materia optativa, francés. Ya hablaba español e inglés, pero pensaba que algún día quizá viajaría a Francia, donde el clima era frío; no como en Fresno, donde en el verano el calor llegaba hasta 40 grados a la sombra. En Francia había ríos e iglesias enormes y gente con tez clara por todas partes, no como la gente morena que pululaba alrededor de Víctor.

Además, Teresa, una niña que le había gustado desde que habían ido al catecismo juntos en Santa Teresa, iba a tomar francés también. Con algo de suerte estarían en la misma clase. Teresa será mi novia este año, se prometió a sí mismo cuando salía del gimnasio lleno de estudiantes vestidos con sus nuevas ropas de otoño. Era bonita. Y buena para las matemáticas también, pensó Víctor mientras caminaba por el pasillo rumbo a su primera clase. Se topó con su amigo Miguel Torres junto a la fuente de agua que nunca se cerraba.

Se dieron la mano al estilo raza y movieron la cabeza como se hacía en el saludo de vato.[1]

—¿Por qué pones esa cara? —preguntó Víctor.

—No estoy poniendo ninguna cara. Ésta *es* mi cara.

Miguel dijo que su cara había cambiado durante el verano. Había leído una revista de moda masculina que alguien le había prestado a su hermano y había notado que todos los modelos tenían la misma expresión. Aparecían de pie, con un brazo alrededor de una mujer bella y una especie de *mueca*. Aparecían sentados junto a una alberca, con los músculos del estómago delineados de sombras y con una *mueca*. Aparecían sentados a una mesa, con bebidas frescas entre sus manos y una *mueca*.

—Creo que funciona —dijo Miguel. Hizo una mueca y un temblor recorrió su labio superior. Se le veían los dientes y también la ferocidad de su alma—. Hace una rato pasó Belinda Reyes y se me quedó viendo.

Víctor no dijo nada, aunque le pareció que a su amigo se le veía bastante extraño. Hablaron de las películas más recientes, de beisbol, de sus padres y del horror de tener que recolectar uvas a fin de poder comprarse su ropa de otoño. Recolectar uvas era igual a vivir en Siberia, salvo que hacía calor y era más aburrido.

—¿Qué clases vas a tomar? —dijo Miguel con una mueca.

—Francés. ¿Y tú?

—Español. Aunque soy mexicano no soy muy bueno para el español.

—Yo tampoco, aunque mejor que en matemáticas, te lo aseguro.

---

1. **saludo de vato:** manera de saludarse entre amigos

Palabras básicas

ferocidad: brutalidad

Una campana con eco metálico sonó tres veces y los alumnos so movieron hacia sus salones. Los dos amigos dieron un golpe en el brazo del otro y se fueron cada uno por su camino. Qué extraño, pensó Víctor, Miguel cree que por hacer una mueca parece más guapo.

En su camino al salón, Víctor ensayó una mueca. Se sintió ridículo, aunque con el rabillo del ojo vio que una niña lo miraba. Ah, pensó, quizá sí funcione. Hizo una mueca aún más marcada.

En la clase se pasó lista, se entregaron las fichas de emergencia y se repartió un boletín para que lo llevaran a casa a sus padres. El director, el señor Beltrán, habló por el altavoz y dio la bienvenida a los alumnos a un nuevo año, a nuevas experiencias y a nuevas amistades. Los alumnos se movieron nerviosamente en sus asientos y lo ignoraron. Estaban ansiosos de irse a su siguiente clase. Víctor, sentado tranquilamente, pensaba en Teresa, que estaba a dos filas de distancia leyendo una novela de bolsillo. Éste sería un año de suerte. Ella estaba en su clase de la mañana y probablemente estaría en sus clases de inglés y matemáticas. Y, claro, de francés.

Sonó la campana para la primera clase, y los alumnos se amontonaron ruidosamente en la puerta. Sólo Teresa se demoró, pues se quedó hablando con la maestra.

—¿Entonces cree que debo hablar con la señora Guzmán? —le preguntó a la maestra—. ¿Ella sabe algo de danza?

—Sería la persona adecuada —dijo la maestra. Luego añadió— O la maestra de gimnasia, la señora Garza.

Víctor esperó, con la cabeza agachada, mirando fijamente el escritorio. Quería salir al mismo tiempo que Teresa para toparse con ella y decirle algo ingenioso.

La miró de reojo. Cuando Teresa se dispuso a salir, él se levantó y corrió hacia la puerta, donde logró atraer su atención. Ella sonrió.

—Hola, Víctor —dijo.

Él le sonrió a su vez y repuso:

—Sí, así me llamo.

Su cara morena se sonrojó. ¿Por qué no dijo "Hola, Teresa"? o "Qué tal estuvo el verano" o alguna cosa agradable?

Teresa se fue por el pasillo. Víctor tomó la dirección opuesta y se volteó a verla, fascinado con su forma tan graciosa de caminar, un pie delante del otro. Ahí terminó lo de tomar clases juntos, pensó. Mientras se dirigía lentamente a su clase de inglés praticó la mueca.

En la clase de inglés repasaron los elementos de la oración. El señor Lucas, un hombre corpulento, se movió con torpeza entre los asientos y preguntó:

—¿Qué es un sustantivo?

—El nombre de una persona, lugar o cosa —dijo la clase al unísono.

—Bueno, ahora alguien que me dé un ejemplo de persona. Usted, Víctor Rodríguez.

—Teresa —dijo Víctor sin pensar.

Algunas de las niñas se rieron. Sabían que le gustaba Teresa. Sintió que se volvía a sonrojar.

—Correcto —dijo el señor Lucas—. Ahora quiero un ejemplo de lugar.

El señor Lucas escogió a un niño pecoso que contestó:

—La casa de Teresa con una cocina llena de hermanos mayores.

Después de la clase de inglés, Víctor tenía la de matemáticas, materia en la que estaba fallando más. Se sentó hasta atrás cerca de la ventana, con la esperanza de que no se le preguntara nada. Víctor entendía la mayor parte de los problemas, pero con otros tenía la impresión de que la maestra los inventaba conforme iba avanzando. Era confuso, como el interior de un reloj.

Palabras básicas

corpulento: grande y pesado

Después de la clase de matemáticas tuvo un descanso de quince minutos; luego la clase de ciencias sociales y, finalmente, el recreo. Compró un guisado de atún, unos bollos con mantequilla, una ensalada de frutas y leche. Se sentó con Miguel, que ensayaba la mueca entre cada mordida.

Las muchachas pasaban a su lado y se le quedaban viendo.

—¿Ves lo que quiero decir? —Miguel hizo la mueca—. Les encanta.

—Sí, supongo.

Comieron lentamente mientras Víctor escudriñaba el horizonte en busca de Teresa. No la vio. Seguramente trajo su propio almuerzo, pensó, y está comiendo afuera. Víctor limpió su plato y abandonó a Miguel, que le hacía una mueca a una muchacha a dos mesas de distancia.

El patio triangular y pequeño de la escuela bullía con estudiantes que hablaban de sus nuevas clases. Todo el mundo estaba de buen humor. Víctor se apresuró hacia la zona donde comían los alumnos que habían traído sus propios almuerzos y se sentó y abrió su libro de matemáticas. Movio los labios como si leyera, pero pensaba en otra cosa. Levantó la vista y miró a su alrededor. No estaba Teresa.

Bajó la vista y fingió que estudiaba; luego se volvió lentamente hacia la izquierda. No estaba Teresa. Pasó una página del libro y miró fijamente unos problemas de matemáticas que le causaban temor, pues sabía que tarde o temprano los tendría que resolver. Miró hacia la derecha. Aún no aparecía Teresa. Se estiró perezosamente con la intención de disimular su curiosidad.

Fue entonces cuando la vio. Estaba sentada con una amiga bajo el ciruelo. Víctor se pasó a una mesa cerca de ella y se puso a soñar en que la invitaría al cine. Cuando sonó la campana, Teresa levantó la vista y sus ojos se encontraron con los de Víctor.

Sonrió con dulzura y recogió sus libros. Su próxima clase era francés, igual que Víctor.

Fueron de los últimos alumnos en llegar al salón, por lo cual todos los buenos escritorios de atrás ya estaban ocupados. Víctor tuvo que sentarse cerca del frente, a unos cuantos escritorios de Teresa; mientras tanto, el señor Bueller escribía palabras francesas en el pizarrón. La campana sonó, y el señor Bueller se limpió las manos, se volvió hacia la clase y dijo:

—*Bonjour.*

—*Bonjour* —dijeron valientemente algunos alumnos.

—*Bonjour* —susurró Víctor. Se preguntó si Teresa lo habría oído.

El señor Bueller dijo que si los alumnos estudiaban mucho, al final del año prodrían ir a Francia y comunicarse con la población.

Un niño levantó la mano y preguntó:

—¿Qué es población?

—La gente, la gente de Francia.

El señor Bueller preguntó si alguien sabía francés. Víctor levantó la mano, pues deseaba impresionar a Teresa. El maestro se puso feliz y dijo:

—*Très bien. Parlez-vous français?*

Víctor no supo qué decir. El maestro se pasó la lengua por los labios y dijo algo más en francés. La clase guardó silencio. Víctor sintió cómo lo miraban todos. Intentó salir del aprieto haciendo ruidos que sonaban a francés.

—*La me vavá con le gra*— dijo con inseguridad.

El señor Bueller arrugó la cara con un gesto de curiosidad y le pidió que hablara mas fuerte.

Enormes rosales rojos florecieron en las mejillas de Víctor. Un río de sudor nervioso le recorrio las palmas. Se sentía muy mal. Teresa sentada a unos cuantos escritorios de distancia, seguramente estaba pensando que Víctor era un tonto.

Sin ver al señor Bueller, Víctor **balbuceó**:

—*Francé oh sisí gagá en septiembré.*

El señor Bueller le pidió a Víctor que repitiera lo que había dicho.

—*Francé oh sisí gagá en septiembré*— repitió Víctor.

El señor Bueller se dio cuenta de que el niño no sabía francés y miró hacia otro lado. Caminó al pizarrón y con su regla de acero señaló las palabras escritas allí.

—*Le bateau* —cantó.

—*Le bateau* —repitiendo los alumnos.

—*Le bateau est sur l'eau* —cantó.

—*Le bateau est sur l'eau.*

Víctor estaba demasiado debilitado por el fracaso como para participar con el resto de la clase. Miró el pizarrón fijamente y deseó haber tomado español y no francés. Mejor aún, deseó poder empezar su vida de nuevo. Nunca se había sentido tan avergonzado. Se mordió el pulgar hasta arrancarse un jirón de piel.

La campana sonó para la siguiente clase, y Víctor salió velozmente del salón trantando de evitar las miradas de los otros niños, pero tuvo que regresar por su libro de matemáticas. Miró con vergüenza al profesor, que borraba el pizarrón, y luego abrió los ojos aterrorizado al ver a Teresa parada en frente de él.

—No sabía que supieras francés — dijo—. Estuvo bien.

El señor Bueller miró a Víctor, que a su vez miró al profesor. Ah, por favor no diga nada, rogó Víctor con sus ojos. Le lavaré su coche, le cortaré su pasto, sacaré a pasear a su perro: ¡cualquier cosa! seré su mejor alumno y limpiaré sus borradores después de clases.

Palabras básicas

balbuceó: habló articulando las palabras de una manera vacilante y confusa

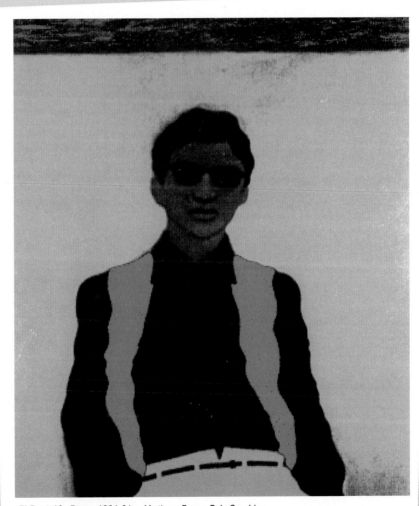

El Pantalón Rosa, 1984 César Martinez *Dagen Bela Graphics*

El señor Bueller removió los papeles en su escritorio. Sonrió y tarareó al tiempo que se sentaba a trabajar. Recordó su época universitaria cuando salía con su novia en coches prestados. Ella pensaba que era rico porque siempre que la recogía traía un coche diferente. Fue divertido hasta que gastó todo su dinero en ella y tuvo que escribirles a sus padres porque se había quedado sin un centavo.

Víctor no podía mirar a Teresa. Estaba sudoroso a causa de la vergüenza.

—Sí, bueno, aprendí un poco viendo películas y libros y cosas así.

Salieron del salón juntos. Teresa le preguntó si la ayudaría con su francés.

—Sí, cuando quieras.

—No te molestaría, ¿o sí?

—En lo absoluto, a mí me gusta que me molesten.

—*Bonjour* —dijo Teresa, y se metió a su siguiente clase, dejando a Víctor afuera. Sonrió y apartó los mechones de pelo de su cara.

—Sí, claro, *bonjour* —dijo Víctor.

Se dio la vuelta y caminó rumbo a su siguiente clase. Los rosales de vergüenza en su cara se convirtieron en ramilletes de amor. Teresa es una gran muchacha, pensó. Y el señor Bueller es un buen tipo.

Corrió al taller de estructuras metálicas. Después del taller vino biología y luego de biología un viaje veloz a la biblioteca pública, donde sacó tres libros de francés.

Le iba a gustar primero de secundaria.

Responde

Víctor encuentra una manera de impresionar a Teresa. ¿Qué le dirías a Víctor sobre lo que hizo para crear esta impresión? ¿Qué harías tú en la misma situación?

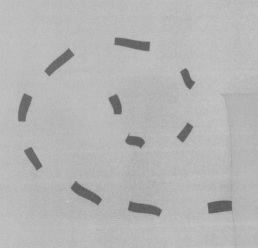

Cuando **Gary Soto** empezó a leer poesía en la universidad, decidió ser escritor. Muchos de sus cuentos se desarrollan en Fresno, California, donde se crió.

Aprendizajes

de Mundo, mi casa

MARÍA ROSA OLIVER

Una tarde en la chacra[1], cumplidos mis cinco años, mamá me llamó:

—Vení[2]: ya tenés edad para aprender a leer.

Ella estaba sentada en una silla baja junto a una de las puertas que daban al patio. Me acomodé en el piso de tablones y apoyé los codos en su falda. La cartilla[3] rústica, impresa en papel de diario, debía de haber sido comprada en el almacén del pueblo porque era igualita al *Martín Fierro*[4] que nos leía papá. Con su aguja de tricot, mamá fue señalándome las sílabas y yo repitiéndolas mientras aspiraba el leve olor a trigo de su piel y el de los jazmines prendidos en su rodete.

Así, durante varias semanas que no se me hicieron largas —el silabeo era fácil y nada me costaba retener la forma de cada letra que dibujaba en su cuaderno pensando en lo que más se les parecía: una viborita la S, una pecheruda[5] sin cabeza la R, dos techitos la M, un

---

1. chacra: pequeña finca, especialmente en Argentina

2. vení: conjugación equivalente a "ven," usando "vos" en vez de "tú" para la segunda persona del singular

3. cartilla: un librito, frecuentemente el primer librito de lecturas

4. *Martín Fierro*: famoso poema sobre la vida del gaucho Martín Fierro

5. pecheruda: palabra informal que se refiere a una mujer de pechos grandes

Palabras básicas

aguja de tricot: aguja para tejer
rodete: rosca de pelo que se hace como peinado (México: "chongo")

relámpago la Z, etc.—, hasta la mañana en que, arrodillada en una silla ante la mesa sobre la que mamá había extendido el diario, comencé a leer los titulares en voz alta.

Sorprendida, sus ojos se volvieron muy transparentes en la luz temprana, y exclamó con alegría:

—¿Has visto? ¡Ya sabés leer!

Pero a los pocos días, al andar de compras por el centro de la ciudad, fue también sorprendida por algo que debió de causarle menos regocijo: yo no podía dejar de leer. Repetía triunfalmente lo escrito en cuanto letrero había, pareciéndome imposible que antes los mirara sin comprenderlos y que, a pesar de ello, recorriera las calles sin aburrirme.

Nada recuerdo del mecanismo mental que me permitió deletrear el menos fonético inglés. Miraba las letras grandes, redondas, bien impresas de los libros en que Lizzie nos leía las *nursery rhymes* y posiblemente uní los sonidos a las sílabas, que juntas formaban rimas sobre Mary, que tenía una ovejita, sobre Humpty-Dumpty, que se cayó de un muro y se rompió porque era un huevo, sobre la vieja que vivía en un zapato, sobre los veinticuatro cuervos saliendo del pastel presentado al rey y sobre la reina de corazones que cocinaba tortas.

Palabras básicas

deletrear: leer o pronunciar una palabra, letra por letra

fonético: relacionado con el sonido del lenguaje

Responde

¿Cuándo aprendiste a leer? ¿Tu experiencia fue similar o diferente a la de la niña en esta selección?

María Rosa Oliver cuenta su vida en el libro *Mundo, mi casa*, la cual comparte entre la gran casa de familia en Buenos Aires (capital de Argentina) y la chacra en el campo. A los diez años se enferma y pierde el uso de las piernas: una experiencia traumática para una joven activa que le gusta montar a caballo. Este cambio en su vida le permite estudiar de cerca la dinámica de su familia y su mundo.

Actividades

Descubre el sentido

Analiza la lectura

Recuerda

1. ¿Cuál es el tema principal de los cuentos y del poema que has leído?
2. ¿Cómo describen los personajes principales a sus parientes o a otras personas importantes en sus vidas?
3. En *Mi nombre*, por qué distingue Esperanza entre los significados de su nombre en inglés y en español?

Interpreta

4. ¿Qué quiere decir Esperanza cuando dice que "no quiere heredar" el lugar de su bisabuela "junto a la ventana"?
5. ¿Qué quiere decir el personaje principal de *Caricia* cuando le dice a su madre que "Te he besado tanto, tanto, que de mí cubierta estás…"?
6. En *Primero de secundaria*, ¿por qué Víctor finge que sabe hablar francés?
7. ¿Qué aprendes sobre la "verdadera Teresa" cuando lees lo que hizo al final de *Primero de secundaria*?
8. En *Aprendizajes*, qué expresa el personaje principal al decir que "no podía dejar de leer"?

Avanza más

9. ¿Por qué algunas personas se esfuerzan tanto para caerle bien a los demás? ¿Por qué será que la primera impresión que algunas personas se forman de ti les impide ver tu "yo verdadero"?

Para leer mejor

Comprende la connotación y la denotación

¡Cada palabra puede tener más de un significado. Hay uno de ellos que es preciso, y, con frecuencia, hay otros que evocan emociones e imágenes. Las emociones que las palabras evocan son **connotaciones**. La connotación no tiene la precisión que tiene la **denotación** ya que esta última representa la definición de la palabra que se encuentra en el diccionario. Por lo tanto, una misma palabra puede evocar connotaciones distintas en diferentes individuos.

Por ejemplo, Esperanza significa "ilusión" en español, y a muchas personas les encanta este significado tan bello. En cambio, en *Mi nombre*, Esperanza asocia su nombre con su bisabuela, quien desafortunadamente tenía muchas ilusiones que nunca pudo llevar a cabo.

Escoge tres palabras de cada selección que has leído. Explícale a un compañero de clase qué imágenes y emociones se te ocurren cuando lees estas palabras. Habla de las diferencias entre tus reacciones a cada palabra y el significado que se encuentra en el diccionario.

Ideas para escribir

Mientras escribes una carta persuasiva, piensa en las connotaciones que pueden llevarte a escribir con mayor claridad.

Carta persuasiva Escríbele una carta persuasiva a Esperanza (*Mi nombre*) o a Víctor (*Primero de secundaria*). Si le escribes a Esperanza, dile por qué crees que ella debería cambiar o no, su nombre. Explícale a Víctor por qué decir la verdad nos ayuda a mantener las amistades, y convéncelo de que confiese a Teresa que él en realidad no sabe hablar francés.

Ideas para proyectos

Collage (Montaje) En *Primero de secundaria*, leíste sobre las reacciones de una persona cuando empieza su séptimo año escolar. En un grupo pequeño, planeen y creen un collage (montaje) que exprese lo que significa para ustedes estar en el séptimo grado.

¿Estoy progresando?

Para ver cuánto has aprendido, dedica unos minutos a contestar estas preguntas:

¿Qué trabajo escogería para incluir en mi portafolio? ¿Por qué?

¿Qué aprendí de las connotaciones de las palabras?

¿Cómo puedo usar lo que he aprendido cuando lea poesía?

¿Qué dicen las leyendas de nosotros?

Aplica lo que sabes

En cada época se encuentran personajes legendarios, personas verdaderas o imaginarias cuyas hazañas inspiran historias sorprendentes que se pueden narrar en poemas, en canciones, en cuentos y hasta en películas. Cualquiera puede imaginar qué es un héroe o una figura legendaria. Con tus compañeros, haz una o ambas actividades:

Cuenta una leyenda que sepas. Di si te la contaron, si la leíste, si es una canción o si es una película que viste.

Piensa en un cuento de aventuras en el cual el personaje principal es un niño. ¿Qué hace?

Lee activamente

Haz la conexión entre la literatura y las ciencias sociales

A veces es más fácil comprender la lectura si la asocias con lo aprendido en otras clases; por ejemplo, las ciencias sociales. Probablemente ya sabes por qué alguien se destaca en cierta época de la historia, o cómo la geografía afecta la vida cotidiana de la gente en diferentes partes del mundo.

Comparte con tus compañeros lo que sabes acerca de la geografía de Venezuela. También, trata de encontrar en la leyenda referencias a la geografía del lugar.

La leyenda de Maichak

Venezuela

Hace mucho tiempo, cuando los hombres vivían siglos y siglos, en la falda del cerro Auyan-tepuy[1] había un hombre llamado Maichak. Maichak no sabía hacer nada. No sabía cazar, ni pescar, ni tejer cestas, ni hacer sebucanes[2]. Salía de pesca o de cacería sin llevar ni arco, ni flechas, ni anzuelo, ni redes. Siempre volvía con las manos vacías y sus cuñados se burlaban de él.

Un día, en que no había pescado nada, como de costumbre, se sentó muy triste a la orilla del río. Un pequeño hombre salió del agua y le dijo:

—¿Qué te pasa, Maichak? ¿Por qué no pescas nada?

—No puedo pescar porque no sé hacer nada —contestó Maichak.

—No te preocupes —dijo el hombre del río. —Te voy a dar una taparita[3].

—¿Una taparita? ¿Y de qué me servirá la taparita?

—Cuando pongas en ella agua del río, el río se secará y podrás recoger todos los peces que quieras. Pero ten mucho cuidado, llénala sólo hasta la mitad, porque si la llenas toda, se derramará el agua y se inundará la tierra. Y no se la enseñes a nadie, porque la perderás.

Maichak hizo lo que le mandó el hombre del río y por fin pescó muchos peces.

Cuando regresó al pueblo, todos los hombres y mujeres, su suegra, su suegro y sus cuñados, se decían unos a otros:

---

1. **Auyan-tepuy:** Cerro de los Espíritus
2. **sebucanes:** redes tejidas de fibras vegetales
3. **taparita:** pequeña olla hecha del fruto del táparo, seco y ahuecado

Palabras básicas

cestas: canastas, cestos
cuñados: maridos de las hermanas, o hermanos de la esposa
suegra/o: madre del marido o de la esposa; padre de la esposa o del marido

— ¿Cómo habrá podido ese tonto coger tantos peces?

Y así pasaron los días. Todo el mundo quería saber cómo hacía Maichak para pescar tanto. Pero Maichak no dijo nada.

Un día, cuando Maichak estaba en el conuco[4], los cuñados le registraron su bolsa y encontraron la taparita. La llevaron al río para beber, y cuando tomaron agua, se asustaron mucho al ver que el río se secaba.

— ¡Así es como pesca Maichak! —dijeron. —Ahora ya sabemos el secreto.

Volvieron a llenar la taparita, pero como no sabían usarla, la llenaron hasta el tope.

Entonces, el agua se derramó e inundó la tierra. La corriente se llevó la taparita, y un gran pez se la tragó.

Maichak se puso muy triste. Durante meses y meses buscó la taparita pero no la encontró. Sin la taparita, no podía pescar un solo pez. Iba a cazar y pescar, pero siempre volvía con las manos vacías.

Un día, cuando estaba cazando, se encontró con un cachicamo[5] que cargaba una maraca en la patica y cantaba una canción:

"Yo toco la maraca del báquiro[6] salvaje, yo toco, yo toco."

El cachicamo repitió la canción tres veces. Despues se paró sobre las paticas de atrás, tocó la maraca otras tres veces y se metió en su cueva. Inmediatamente apareció a todo galope una manada de báquiros, pero como Maichak no tenía con qué cazarlos, regresó a su casa con las manos vacías.

Maichak decidió conseguir la maraca del cachicamo para poder cazar báquiros, así que volvió a la selva para quitársela. El cachicamo asomó la cabeza de su cueva y cantó la canción. Cuando sacó la patica de la cueva para sonar la maraca, Maichak pegó un brinco y se la quitó. Empezó a tocar, pero los báquiros no llegaron. El cachicamo salió de su cueva para ver quién le había quitado la maraca.

— ¿Por qué me quitaste mi maraca? —preguntó.

—Porque la necesitaba —contestó Maichak. —Quería cazar báquiros con ella.

—Está bien —dijo el cachicamo. —Ya la tienes. Pero te voy a dar un consejo. Tenías una taparita y la perdiste. No vayas a perder la maraca. Si tocas la maraca más de tres veces, los báquiros vendrán y te la quitarán.

Desde ese día, Maichak siempre regresaba a su casa con muchos báquiros. Sus cuñados estaban asombrados y empezaron a vigilarlo.

Un día, Maichak fue a cazar y un cuñado lo siguió para ver cómo conseguía tantos báquiros. El cuñado lo oyó cantar y tocar la maraca. Oculto detrás de unas matas, vio dónde escondía Maichak la maraca, y después se marchó.

Cuando Maichak regresó a su casa, el cuñado se fue a la selva, recogió la maraca de Maichak y entonó la canción del báquiro. Después tocó la maraca, no tres, sino cuatro y cinco veces.

---

4. **conuco:** plantío de frutos, huerta
5. **cachicamo:** armadillo, llamado "tatú" en Suramérica
6. **báquiro:** cerdo salvaje

Palabras básicas

maraca: instrumento musical, hecho de una calabaza ahuecada, y relleno con semillas o piedras
patica: patita

De repente, una manada de báquiros y más báquiros rodearon al cuñado de Maichak y le quitaron la maraca.

Cuando Maichak volvió a su escondite, se dio cuenta de que había desaparecido su maraca. La había perdido igual que la taparita.

Pasó días y días buscándola. Una tarde, cuando ya estaba cansado de buscar, encontró un araguato[7] que se estaba peinando.

A medida que el araguato se peinaba, iban apareciendo muchas aves que se posaban alrededor de él.

—Regáleme el peine, hermano —dijo Maichak.

—No puedo —contestó el araguato. —No tengo otro peine. Pero Maichak tanto rogó y pidió que el araguato terminó por decirle:

—Bueno, pues, es tuyo. Pero no te peines más de tres veces seguidas porque las aves vendrán y te lo quitarán.

—Está bien —dijo Maichak. —Yo comprendo.

Desde ese día, Maichak siempre regresaba a su casa con muchas aves deliciosas para la comida. Y una vez más, sus cuñados empezaron a vigilarlo.

Y cuando vieron lo que Maichak hacía con el peine, esperaron a que saliera al conuco, le registraron su bolsa y lo encontraron. Entonces se fueron a flechar aves.

Pero no sabían el secreto: se peinaron tantas veces que comenzaron a llegar nubes de pavas, paujíes[8] y toda clase de aves y les arrebataron el peine.

Cuando Maichak regresó del conuco y vio que su peine también había desaparecido, se puso muy triste y muy bravo con sus cuñados.

—¿Por qué siempre tienen que quitarme y perderme mis cosas? —

---

7. **araguato:** mono de pelaje aleonado y gran barba

8. **paujíes:** aves grandes, de plumaje negro, pico grande, con una protuberancia en la frente

dijo. —Pues quédense aquí. Son unos necios. Ahora me iré y no viviré más con ustedes.

Maichak se fue muy lejos y tuvo aventuras extraordinarias. Llegó hasta el mundo de arriba, más allá de las nubes. Aprendió a cazar, a pescar y a tejer sebucanes.

Después de muchas lunas, regresó a su pueblo. Contó a su familia sobre los sitios que había visitado y también les enseñó lo que había aprendido.

Responde

Si fueras Maichak, ¿hubieses compartido tus herramientas mágicas? Explica.

Como las leyendas son historias que se transmiten de generación en generación, no se sabe quién fue el primero en contarlas. *La leyenda de Maichak* se basa en una historia de los indios Kamarakoto de Venezuela. En una versión escrita por Fray Cesáreo, Maichak aparece con el nombre de Maichapue.

El héroe

María Isabel Molina

Entró el padre. Era muy alto, muy grande y muy fuerte.

Se sentó en el sillón, abrió el periódico y estiró las piernas. Parecía estar cansado.

—Andrés, hijo, tráeme las zapatillas, por favor.

Andrés miró a su padre por debajo del flequillo. Dejó en el suelo el coche con el que estaba jugando y se levantó.

Cruzó corriendo la habitación y salió al pasillo.

Allí frenó en seco y comenzó a andar despacio. Tenía la sensación de que alguien caminaba tras él pisándole los talones. Volvió la cabeza: nada. A su espalda solamente se veía el cuarto de estar con las luces encendidas.

Reanudó la marcha. Allí delante, junto a la vuelta que hacía el pasillo, estaba la banqueta tapizada. Casi no se la veía en la oscuridad. Detrás de la banqueta se agazapaba el león. Un león enorme, con melena dorada y unos ojos que brillaban en las tinieblas como dos puntos de fuego.

Andrés apretó los labios y avanzó un poco para encender la luz del pasillo. El león acurrucado[1] debajo de la banqueta desapareció. Andrés apresuró el paso sin mirar a la banqueta. Cuando regresara con las zapatillas, el león estaría de nuevo en aquel sitio.

Más allá de la banqueta, escondidos detrás de la puerta entreabierta de la habitación de su hermana, estaban los espías. Llevaban gabardinas[2] oscuras, jerseys[3] de cuello alto y gafas de espejo. Eran dos y los conocía muy bien. Uno tenía una metralleta;[4] el otro, una navaja y un pañuelo muy grande empapado en un líquido para hacer dormir a la gente.

Andrés se dijo que él no tenía miedo a los espías; así que levantó la cabeza y pasó por delante del cuarto de su hermana muy despacio y muy serio, sin mirar siquiera hacia la puerta.

Palabras básicas

flequillo: cabello recortado que se deja caer sobre la frente

reanudó: recomenzó

banqueta: asiento sin respaldo

agazapaba: agachaba

---

1. **acurrucado:** encogido
2. **gabardinas:** abrigos de tela impermeable
3. **jerseys:** suéteres
4. **metralleta:** fusil automático

Delante de la habitación de sus padres se acababa la alfombra del pasillo. Estaba rematada[5] con una tira de chapa metálica dorada. Andrés sabía que debajo de la chapa dorada estaba oculto el resorte de la trampa. Una trampa por la que se caía en un pozo profundo y oscuro. Los bandidos siempre ponían trampas así. Andrés había visto colocar una trampa como aquella en un programa de la televisión.

Dio un salto y pasó sobre la trampa. Luego, se acercó a la butaca[6] y tomó las zapatillas de su padre. Lo hizo muy despacio, porque los bandidos le observaban y no quería que adivinasen que él lo sabía. Debía portarse como los héroes del Oeste cuando saben que los indios les vigilan.

Con las zapatillas en la mano, apagó la luz del dormitorio de sus padres y salió al pasillo. Dio un gran brinco para saltar sobre la trampa del final de la alfombra. Pasó por delante del cuarto de su hermana muy despacio y sin mirar hacia la puerta. Si los espías sospechaban que él conocía su presencia, supondrían que los podría delatar y atacarían.

Volvió la esquina del pasillo y apagó la luz. Bajo la banqueta tapizada apareció, de nuevo, el león. Ahora pasar junto a él iba a ser más difícil y más peligroso que antes, porque esta vez tendría que pasar a oscuras.

Andrés sabía, porque lo había leído en un libro, que los perros y los leones no atacan si se dan cuenta de que el que pasa junto a ellos no les tiene miedo. Por eso pasó muy cerca del león sin aparentar la menor preocupación. Vio sus ojos color de fuego y sus colmillos blancos, largos y afilados como puntas de flecha, y sintió el aliento del animal en un brazo.

5. **rematada:** terminada
6. **butaca:** sillón

Palabras básicas

chapa: hoja o lámina de metal
brinco: salto
colmillos: dientes caninos, largos y afilados

El corazón le golpeaba fuertemente. Respiró hondo porque se ahogaba; el peso que tenía en el pecho se le bajó, de un golpe, hasta la boca del estómago.

Siguió pasillo adelante, escuchando con toda su atención por si oía detrás de él los pasos del león. También sabía que los leones tienen las patas almohadilladas[7] y que, si no escuchaba con todo cuidado, no podría oír sus pisadas. Claro que los leones rugen antes de atacar…

Llegó a la puerta del cuarto de estar y suspiró alegre. ¡Había conseguido hacer el camino de ida y vuelta sin prisa, sin correr ni un poco!

Cada vez era más valiente y muy pronto sería como los héroes de los cuentos.

Andrés estaba seguro de que se podía aprender a ser valiente, como se aprendían la aritmética y la historia.

Cuando fuese mayor escribiría un libro para enseñar a otros la forma de llegar a ser héroes. Entonces se acabarían los ladrones y los espías y nadie tendría miedo a los leones porque todos habrían aprendido a ser valientes.

Sonrió contento y le acercó las zapatillas a su padre.

—Has tardado mucho, Andrés. ¿Tan difícil es ir a buscar un par de zapatillas?

Y es que, claro, su padre no sabía…

---

7. **almohadilladas:** acolchadas

Responde

¿Es Andrés realmente un héroe? Explica.

María Isabel Molina escribe cuentos para niños y novelas históricas. En 1962, obtuvo el "Premio Doncel" por su colección de cuentos *El arco iris*. En sus relatos, demuestra una gran comprensión de la psicología infantil.

Analiza la lectura

Recuerda

1. ¿Por qué el pequeño hombre le da una olla a Maichak?
2. ¿Qué animal se encuentra agazapado detrás de la banqueta en *El héroe*?

Interpreta

3. ¿Por qué crees que los familiares de Maichak quieren todo lo que él tiene?
4. ¿Por qué el armadillo y el mono le aconsejan a Maichak que no pierda las cosas que le han dado?
5. ¿Por qué Andrés debe caminar lentamente y sin mirar para el costado?
6. ¿Por qué el padre de Andrés no se da cuenta de que su hijo es un héroe?

Avanza más

7. Esta leyenda y este cuento nos enseñan lecciones importantes. ¿Qué has aprendido de estas lecturas y cómo te servirán en la vida?

Para leer mejor

Haz la conexión entre las leyendas y los estudios sociales

Quizás pienses que Maichak, al igual que otros personajes legendarios, lleva a cabo hazañas que nadie más puede realizar. A lo mejor tú también te has imaginado que te defiendes contra leones. Las leyendas son historias que pueden estar basadas en personas y hechos reales. También nos enseñan acerca de las necesidades y sentimientos de la gente de otros países.

1. Menciona dos cosas de la leyenda que te parezcan ficción o exageración. Explica.
2. Según *La leyenda de Maichak*, ¿qué cosas eran importantes para la gente que vivía en Venezuela hace mucho tiempo?

Ideas para escribir

Puedes inventar leyendas para explicar las necesidades de la gente y el origen de las características geográficas de un lugar.

Anuncio clasificado Imagínate que vives en la Venezuela de hace mucho tiempo. Escribe un anuncio para un periódico y solicita una persona que sepa cómo cultivar la tierra y cómo conseguir alimentos. Indica cómo deberá demostrar su aptitud para el trabajo.

Leyenda Describe un rasgo geográfico de la región en donde vives; como por ejemplo una montaña, un río o un lago. Escribe una leyenda explicando su origen.

Ideas para proyectos

Programa de noticias En grupo, prepara y presenta un programa de noticias acerca de una excursión por la selva en la cual tuvieron que defenderse de animales feroces. Describan cada peligro y cómo lo enfrentaron.

¿Estoy progresando?

Comparte tus respuestas con las de tus compañeros.

¿Qué aprendí de estas lecturas? ¿Cómo aplicaré lo aprendido cuando lea otras obras?

Arte poética de Javier Heraud
Lírica 17 de José García Villa
Versos sencillos de José Martí

¿Cómo se expresan las ideas en la poesía?

Aplica lo que sabes

Cuando hablas de tus propios talentos, y quieres describirlos mejor, puedes usar una comparación. Por ejemplo, habrás oído a algún locutor deportivo decir que tal lanzador de béisbol mueve su brazo "como una máquina", o que un jugador de tenis se mueve "como un gato". Practica el uso de las comparaciones al hacer una o ambas de las siguientes actividades:

- En tu diario, usa una comparación para describir tu talento para los deportes, el arte o cualquier otra materia.
- En grupo, comparen las formas de conducta de cantantes, deportistas, o actores famosos.

Lee activamente

Reconoce los símiles

Un símil puede identificarse por el uso de la palabra *como*. Por ejemplo, "Sus mejillas son rojas como las rosas" es un símil que compara las mejillas con las rosas rojas. Una metáfora compara dos cosas diferentes sin utilizar la palabra *como*. Por ejemplo, "La lectura es la autopista del conocimiento" es una metáfora que compara la lectura con una autopista.

En los poemas que siguen, busca la palabra clave *como* para encontrar los lugares donde el poeta hace una comparación. Escribe la comparación en un diagrama como el siguiente: (Se ha incluido la primera línea.)

Lo que se describe	Lo que se compara	¿Qué tiene en común?
poema	gaviota	música

Arte poética
Javier Heraud

En verdad, en verdad hablando,
la poesía es un trabajo difícil
que se pierde o se gana
al compás de los años otoñales.
5 (Cuando uno es joven
y las flores que caen no se recogen
uno escribe y escribe entre las noches,
y a veces se llenan cientos y cientos
de cuartillas[1] inservibles.
10 Uno puede alardear[2] y decir
"yo escribo y no corrijo,
los poemas salen de mi mano
como la primavera que derrumbaron
los viejos cipreses de mi calle".)
15 Pero conforme pasa el tiempo

y los años se filtran entre las sienes[3]
la poesía se va haciendo
trabajo de alfarero[4],
arcilla que se cuece entre las manos,
20 arcilla que moldean fuegos rápidos.
Y la poesía es
un relámpago maravilloso,
una lluvia de palabras silenciosas,
un bosque de latidos y esperanzas,
25 el canto de los pueblos oprimidos,
el nuevo canto de los pueblos liberados.
Y la poesía es entonces
el amor, la muerte,
la redención del hombre.

---

1. cuartillas: cuarta parte de un pliego de papel
2. alardear: presumir, exhibir vanidad
3. sienes: partes laterales de la cabeza, entre la frente, las orejas y las mejillas
4. alfarero: hombre que hace vasijas de barro cocido

Responde

- ¿Cuáles son, en tu opinión, las características de un buen poema?

Palabras básicas

otoñales: que pertenecen al otoño
arcilla: barro que se mezcla con agua para fabricar objetos de cerámica
redención: remedio, recurso, refugio

Javier Heraud nació en Cuba en el año 1942 y murió a los veintiún años durante la Revolución cubana. Fue un joven poeta y revolucionario a la vez. Su poesía es de un romanticismo inspirado que revela iluminación y amor por la naturaleza.

LÍRICA 17

José García Villa
Traducción de Marina Harss

Primero, un poema debe tener magia,
Y después música como una gaviota.
Debe ser la luz que se desplaza
Y esconder un pájaro que florece.
5 Debe ser fino como una campana
Y también contener el fuego.
Debe tener la sabiduría del arco
Y como una rosa estar arrodillado.
Debe poder oir
10 La luminosidad del ciervo y la paloma.
Debe poder ocultar
Lo que busca como una novia.
Y por encima de todo, querría yo que flotara
Dios, sonriendo desde la tapa del poema.

 **Responde**

¿Qué comparaciones harías para describir la poesía?

Palabras básicas

gaviota: ave que vive cerca del mar y se alimenta de pequeños peces

luminosidad: capacidad de despedir luz

José García Villa nació en Manila, en las Islas Filipinas, y emigró a los Estados Unidos a los 16 años. Un crítico declara que los poemas de García Villa provienen "directamente del ser del poeta, de su sangre, de su espíritu, como el fuego de la madera, o como la flor que brota del suelo".

Versos sencillos

José Martí

Yo soy un hombre sincero
de donde crece la palma;
y antes de morirme quiero
echar mis versos del alma.
5 Mi verso es de un verde claro,
y de un carmín encendido[1]
mi verso es un ciervo herido
que busca en el monte amparo.
Con los pobres de la tierra,
10 quiero yo mi suerte echar;
el arroyo de la sierra
me complace más que el mar.

---

1. carmín encendido: rojo fuerte

Responde

El poeta dice que su poesía es de un verde claro y un carmín encendido. ¿Con qué colores describirías tú la poesía?

Palabras básicas

amparo: protección o defensa
complace: agrada

José Martí dedicó su vida y su obra a la independencia de Cuba, donde murió en el campo de batalla en 1895. Es famoso no sólo como poeta y ensayista sino también como orador.

Martí es el creador de la prosa artística, que se caracteriza por la melodía, el ritmo y el uso de frases cortas, con las que expresa ideas muy profundas. Sus temas principales son la libertad, la justicia, la independencia de su patria y la defensa de los pobres, de los humildes y de los oprimidos.

Entre sus obras poéticas figuran *Ismaelillo*, *Versos sencillos*, *Versos libres* y *Flores del destierro*.

Actividades
Descubre el sentido

Analiza la lectura

Recuerda

1. ¿Con qué compara Javier Heraud la poesía?
2. Según José García Villa, ¿qué cualidades son necesarias en un poema?

Interpreta

3. ¿Por qué quiere José Martí (*Versos sencillos*) expresar su poesía antes de morir? Piensa en sus palabras "echar mis versos del alma".
4. En los tres poemas, ¿por qué crees que los poetas prefieren el uso de las comparaciones a las definiciones sencillas para hacer descripciones en sus poesías?

Avanza más

5. Después de leer los tres poemas, piensa en por qué es tan importante para los escritores expresarse por medio de la poesía.
6. ¿Por qué crees que escribir cuentos y poesía es una manera de expresar tu identidad?

Para leer mejor

Comprender los símiles y metáforas

Al completar tu tabla, encontraste **símiles**: comparaciones que muestran en qué se parecen dos cosas que aparentemente son muy distintas.

En el habla cotidiana, los símiles son usados muy a menudo. Un **símil** muy común es "tan fuerte como un toro".

Escribe tres símiles o metáforas y preséntalas a la clase.

Ideas para escribir

Los símiles y metáforas agregan sabor no solamente a la poesía, sino también a otras formas de comunicación escrita y oral.

Programa de radio Describe las acciones de tu deportista favorito como lo haría un locutor de radio. Usa símiles y metáforas y pinta un cuadro vívido para los oyentes que no pueden verlo. Lee tu descripción a la clase.

Poema Usando *Lírica 17* como modelo, escribe un poema que describa qué es una buena comida, un buen amigo o un gran héroe. Usa símiles y metáforas para realzar tus ideas.

Ideas para proyectos

Canción Escribe la letra para una canción acerca de algo que sepas hacer bien. Usa símiles y metáforas para realzar tus talentos, y música para acompañar tus palabras. Si eres músico, crea y graba la música.

Comparaciones en las ciencias Pregunta a tu maestro/a de ciencias cómo se hacen las comparaciones científicas. Por ejemplo, los biólogos clasifican grupos de animales al comparar sus similitudes y sus diferencias. Prepara un informe sobre las comparaciones científicas y preséntalo a la clase.

¿Estoy progresando?

En un grupo pequeño, considera estas preguntas:

¿Cómo me ayudó mi diagrama de comparaciones a encontrar los símiles en los poemas? ¿Cómo me podría ayudar un diagrama parecido para leer otros tipos de literatura?

¿Qué me enseñaron estas lecturas sobre la manera en que la gente expresa su identidad?

El "yo" que ven

Los proyectos...............

Es posible que otros puedan ayudarte a contestar las preguntas de esta unidad, pero nadie puede hacerlo por ti. Las respuestas que tú mismo encuentres serán más valiosas que cualquier respuesta fácil. Puedes llegar a tus propias conclusiones haciendo uno de los siguientes proyectos:

Un drama basado en tu familia Desarrolla un drama basado en una situación en la cual alguien te ayudó a descubrir tu "yo verdadero". Piensa sobre alguna vez en que tu familia te ayudó a resolver un problema, o cuando alguien habló contigo para ayudarte a reconocer tus propios talentos o aptitudes.

Un reportaje científico sobre tu "yo verdadero" Escribe un informe revelando los resultados de un examen físico. Incluye descripciones de tus huellas digitales, tu sangre, tu pelo y otras características físicas tuyas. Pídele a tu maestro/a de ciencia que te explique cómo se escribe un reportaje objetivo. Haz una presentación para la clase, utilizando modelos y diagramas para apoyar lo que dices.

Un diccionario de nombres de personas de dirversos países y culturas Los nombres son una parte importantísima de la identidad de las personas. En un librito diseñado para tu clase, apunta nombres provenientes de distintas culturas, indica lo que significan y explica las maneras en que se eligen. Agrega arte original, dibujos o fotos que hayas encontrado en revistas y periódicos.

Cuando se cruzan los caminos

Niños Corriendo Tony Ortega Courtesy of the Artist

¡Entérate!

El conocer nuevas personas nos ayuda a comprender nuestro mundo. También nos ayuda a comprendernos a nosotros mismos. Es posible que te preguntes: ¿Quién soy? ¿Cuál es mi lugar en el mundo? ¿Cuál es mi relación con la gente que me rodea?

Actividades

En grupo Habla de cómo el trato con gente diversa nos ayuda, no solamente a relacionarnos mejor con otras personas, sino también a darnos cuenta de que, a pesar de las diferencias, se puede tener mucho en común con los demás. ¿En qué ocasión conociste a una persona y luego al tratarla la apreciaste más y reconociste las cosas que tenían en común?

Actividades

Por tu cuenta Haz un dibujo o un diagrama representando a alguien que tenga características distintas a las tuyas. Puede ser una persona que hayas conocido o alguien sobre quien hayas leído. Debajo del dibujo o del diagrama, escribe una lista de sus características.

Menú de proyectos . . . .

Piensa en los siguientes proyectos y escoge uno que te interese. Hay más detalles en la página 62.

- **Álbum de lo que tenemos en común**
- **Mural multicultural**
- **Lista de películas con comentarios**

Actividades

Presentación

Niño de barrio de Ernesto Galarza
La pared de Vicente Blasco Ibáñez
Don Paramplín de Eduardo Carranza

¿Cómo influye nuestra experiencia en cómo vemos a otra persona?

Aplica lo que sabes

Cuando eras pequeño, probablemente todas las personas que conocías se parecían a ti. Al hacerte mayor, habrás conocido a otras que son diferentes a ti. Puede ser que ahora tengas un círculo de amigos más variado que antes. Piensa en tus amigos y conocidos cuando discutas los siguientes temas en un grupo pequeño:

- ¿Te gusta tener amigos que se parezcan a ti, que tengan los mismos intereses y la misma cultura o tienes amigos que son diferentes a ti; que te enseñan cosas nuevas y te dan nuevas ideas?
- Imagínate que eres un estudiante nuevo en una clase. ¿Qué sientes al conocer a niños de otras razas y de otros países?

Lee activamente

Cómo identificar los rasgos de una narración personal

La pared es una situación imaginaria que refleja un tema real en nuestro mundo. *Don Paramplín* es una historia ficticia sobre una persona imaginaria. *Niño de barrio*, por el contrario, es una historia verídica sobre una experiencia del autor. Cuando los escritores cuentan un episodio de sus propias vidas y reflexionan sobre el significado de esa experiencia, escriben **narraciones personales**. Comprenderás mejor las narraciones personales si identificas dos elementos principales: la historia de un acontecimiento importante y el significado de esa experiencia para el autor.

Niño de barrio trata de una experiencia que el autor tuvo hace muchos años, y que todavía recuerda muy bien. Identifica los detalles que él emplea para dar vida al relato, como descripciones de cosas que vio, oyó y sintió. Luego, completa la siguiente tabla:

Niño de barrio	
¿Qué ve Ernesto?	
¿Qué oye?	
¿Qué siente?	

Niño de barrio

Ernesto Galarza

Una mañana, mi madre y yo caminábamos por la Calle Cinco hasta la esquina de la Calle Q y doblamos a la derecha. La escuela Lincoln ocupaba la mitad de la cuadra. Era un edificio de madera de tres pisos, con dos alas que le daban el aspecto de una T doble conectada por una sala central. Era un edificio nuevo, pintado de amarillo, con techo de tablilla, muy diferente al techo de tejas rojas de la escuela de Mazatlán.[1] Noté también otras diferencias, y ninguna de ellas me inspiraba mucha confianza.

Subimos por la amplia escalera tomados de las manos y atravesamos la puerta, que se cerró por sí sola. Un invento mecánico en la parte superior de la puerta la cerró detrás nuestro, silenciosamente.

Hasta este punto la aventura de inscribirme en la escuela había sido cuidadosamente ensayada. La Sra. Dodson nos había dado las indicaciones sobre cómo llegar y nosotros habíamos pasado varias veces por allí durante nuestros paseos. Los amigos del barrio nos informaron que en inglés, director de escuela se decía "principal", y que en este caso era una mujer y no un hombre. Además, nos aseguraron que siempre había alguien en la escuela que hablaba español. Tal como nos habían informado, había un letrero en la puerta que decía "director" en inglés y en español. Cruzamos el pasillo y entramos en la oficina de la Srta. Nettie Hopley. Miss Hopley estaba sentada en una silla giratoria y con ruedas, detrás de un escritorio de tapa corrediza. Contra la pared opuesta había un sofá, flanqueado por dos ventanas y una puerta que daba a un pequeño balcón. Había una mesa rodeada de sillas y en las paredes colgaban retratos enmarcados de un hombre de largos cabellos blancos y de uno de barba negra con expresión triste.

La directora dio media vuelta en la silla giratoria para mirarnos por sobre los anteojos que descansaban sobre su nariz. Para hacerlo tuvo que agachar la cabeza ligeramente como si tuviera que atravesar el umbral bajo de una puerta.

No sabemos lo que nos dijo la Srta. Hopley, pero sus ojos reflejaban una cordial bienvenida y cuanto se sacó los anteojos y se

---

1. Mazatlán: pueblo en México

enderezó sonrió amistosamente, igual que la Sra. Dodson. Nosotros por supuesto permanecimos callados, escuchando el cálido eco de su voz y observando la luminosidad de sus ojos mientras decía cosas que no entendíamos. Nos indicó con la mano que nos acercáramos a la mesa. Crucé la oficina caminando prácticamente en puntas de pie e hice lo posible para que mi madre estuviera entre mí y la señora gringa.[2] En pocos segundos tenía que decidir si era amiga o enemiga. Nos sentamos.

Luego la Srta. Hopley hizo algo impactante. Se puso de pie. Si hubiera estado de pie cuando entramos nos hubiera parecido alta. Pero al levantarse de la silla parecía encumbrarse, llevando consigo una figura pechugona,[3] de hombros firmes, una nariz perfilada y recta, mejillas redondas levemente moldeadas por una línea curva que descendía de la nariz, labios finos que se movían como resortes de acero, y una frente ancha enmarcada por el cabello recogido en un moño. Miss Hopley no tenía un cuerpo gigantesco pero parada podía hacerle frente a cualquier gigante. Decidí que me caía bien.

Caminó hacia una puerta en la esquina opuesta de la oficina, la abrió y llamó a alguien. Un niño de unos diez años apareció en el umbral de la puerta. Se sentó en un extremo de la mesa. Tenía la tez oscura como nosotros. Era un niño rechoncho[4] con cabello negro brillante peinado hacia atrás; pulcro, tranquilo y un poco antipático.

La Srta. Hopley se acercó a nosostros con un libro grande y algunos papeles en la mano. Ella también se sentó e iniciamos una conversación por intermedio de nuestro intérprete. Mi nombre es Ernesto. Mi madre se llama Henriqueta. Mi certificado de nacimiento está en San Blás. Aquí están mis últimas notas de la Escuela Municipal Número 3 para Varones, de Mazatlán, etc. La Srta. Hopley hizo anotaciones en el libro y mi

madre firmó una tarjeta.

Mientras continuaban las preguntas, Doña Henriqueta se podía quedar y yo estaba seguro. Cuando terminaron, Miss Hopley la acompañó a la puerta, despidió a nuestro intérprete y sin demora me tomó de la mano y emprendimos el camino hacia la clase de primer grado de la Srta. Ryan.

La Srta. Ryan me acomodó en un pupitre de la primera fila del aula, en el cual me senté encogido para estudiarla mejor. Desde mi perspectiva, es decir un niño delgado, y pequeño, su figura me resultaba

---

2. **gringa:** palabra para "americana"

3. **pechugona:** mujer de pechos grandes

4. **rechoncho:** gordito

Palabras básicas

impactante: que tiene efectos importantes

amenazadoramente alta, mientras patrullaba la clase. Y cuando menos me lo esperaba, allí estaba, en cuclillas al lado de mi pupitre, con su radiante cara blanca al mismo nivel que la mía, su voz guiándome pacientemente por las horribles idioteces del idioma inglés.

Durante las próximas semanas la Srta. Ryan me ayudó a superar mis temores de las maestras altas y enérgicas, cada vez que se acercaba a mí para ayudarme con una palabra del primer libro de lectura. Bajo su tutela, poco a poco, mis compañeros y yo nos animamos a dejar la seguridad de nuestros

Palabras básicas

patrullaba: vigilaba

pupitres para pasar al frente o para acercarnos con una consulta a su escritorio. Con frecuencia irrumpía en anuncios divertidos para toda la clase. "Ito va a leer una oración", e Ito, un pequeño japonesito con los ojitos oblicuos y muy tímido, leía en voz alta mientras la clase escuchaba maravillada: "Come, Skipper, come. Come and run". Los niños coreanos, portugueses, italianos y polacos del primer grado también tenían momentos similares de gloria, no menos importantes que el mío el día que conseguí pronunciar "butterfly" que durante mucho tiempo había pronunciado bu-ter-fli, con acento en español. "Niños", dijo la maestra. "Ernesto ha aprendido a pronunciar "butterfly". Y lo probé imitando a la Srta.

Ryan a la perfección. Desde ese momento triunfal, progresé hasta el nivel de Ito y comencé a leer oraciones enteras "Come, butterfly, come fly with me".

Al igual que a Ito y otros alumnos de primer grado que no sabían inglés, la Srta. Ryan me daba lecciones privadas de inglés en el armario, un pasillo estrecho del aula con una puerta en cada extremo. Próxima a una de estas puertas, la Srta. Ryan ponía una silla grande para ella y otra más pequeña para mí. Mientras vigilaba la clase a través de la puerta abierta, leía conmigo acerca de ovejas en la pradera y un pollito asustado que iba a ver al rey, corrigiendo mi pronunciación de palabras como *pasture*, *bow-wow-wow*, *hay* y *pretty*; que según mi oído mexicano, tenían tantos sonidos y letras innecesarias. Me pedía que mirara sus labios y que luego cerrara los ojos, mientras ella repetía las palabras que me daban trabajo leer. Cuando tuvimos más confianza, intentaba explicar a la Srta. Ryan cómo lo decíamos en español. Pero no daba resultado. Se limitaba a exclamar "Oh", y continuaba con *pasture*, *bow-wow-wow* y *pretty*. Parecía como si en ese armario los dos estábamos descubriendo los secretos del idioma inglés, y sufriendo juntos por las tragedias de Bo-Peep. La razón principal por la cual me gradué con honores de primer grado fue que me había enamorado de la Srta. Ryan. No estoy seguro si su personalidad radiante y franca nos daba temor de no quererla o nos obligaba a quererla para no tener miedo. No era simplemente que percibíamos su seguridad en sí misma, sino su confianza en nosotros.

Al igual que el primer grado, el resto de la escuela Lincoln era un reflejo de la parte baja de la ciudad donde vivían muchos grupos étnicos diferentes. Mis amigos del segundo grado eran Kazushi, cuyos padres hablaban nada más que japonés; Matti, un niño italiano flacucho; y Manuel, un portugués gordo que nunca buscaba pelea, sino que te tiraba al suelo y se te sentaba encima. Nuestra mezcla de nacionalidades incluía coreanos, yugoslavos, polacos, irlandeses, y americanos nativos.

En Lincoln, convertirnos en americanos no significaba olvidarnos de nuestro origen nacional. Los maestros hacían un esfuerzo por llamarnos por nuestros nombres originales, tratando de pronunciar lo mejor posible los nombres en español o japonés. Nunca se regañaba o castigaba a nadie por hablar en su idioma nativo, durante el recreo. Matti contó a la clase sobre el edredón de su madre, que había hecho en Italia con las plumas finas de mil gansos. Encarnación demostró cómo los niños aprendían a pescar en Filipinas. Yo los dejé boquiabiertos con mi historia de viajes en diligencia, que nadie en la clase había visto excepto en el museo del fuerte Sutter. Después de una visita a la Galería de Arte Crocker y su colección de pinturas históricas de la época de oro de California, alguien mostró un tapiz chino, de seda. La Srta. Hopley solía expresar su asombro por estas situaciones ante la clase, abriendo sus ojos de manera tal que parecían salírsele del rostro. Me era fácil sentir que podía convertirme, con orgullo, en ciudadano americano, que ella decía deberíamos serlo, sin avergonzarme de mis raíces mexicanas.

Ernesto Galarza se mudó a los Estados Unidos de niño. En *Niño de barrio*, él cuenta de la integración cultural, experiencia lenta y difícil, pero a menudo divertida y grata. El aprendizaje del idioma es uno de los pasos más importantes en este proceso.

Responde

- ¿Has tenido maestras que te apoyaron y ayudaron en momentos difíciles? ¿Cómo?
- Ernesto habla de "momentos de gloria". ¿Qué "momentos de gloria" has visto o tenido tú en la escuela?

La pared

Vicente Blasco Ibáñez

las dos familias

Siempre que los nietos del tío Rabosa se encontraban con los hijos de la viuda de Casporra en las sendas[1] de la huerta o en las calles de Campanar, todo el vecindario comentaba el suceso. ¡Se habían mirado! ¡Se insultaban con el gesto! Aquello acabaría mal, y el día menos pensado el pueblo sufriría un nuevo disgusto.

El alcalde con los vecinos más notables predicaban paz a los mocetones[2] de las dos familias enemigas, y allá iba el cura, un vejete[3] de Dios, de una casa a otra, recomendando el olvido de las ofensas.

Treinta años que los odios de los Rabosa y Casporra traían alborotado a Campanar. Casi en las puertas de Valencia, en el risueño pueblecito que desde la orilla del río miraba a la ciudad con los redondos ventanales de su agudo campanario, repetían aquellos bárbaros la historia de luchas y violencias de las grandes familias italianas en la Edad Media. Habían sido grandes amigos en otro tiempo; sus casas, aunque situadas en distinta calle, lindaban por los corrales, separadas únicamente por una tapia[4] baja. Una noche, por cuestiones de riesgo, un Casporra tendió en la huerta de un escopetazo a un hijo del tío Rabosa, y el hijo menor de éste, para que no se dijera que en la familia no quedaban hombres, consiguió, después de un mes de acecho, colocarle una bala entre las cejas al matador. Desde entonces las dos familias vivieron para exterminarse, pensando más en aprovechar los descuidos del vecino que en el cultivo de las tierras. Escopetazos en medio de la calle; tiros que al anochecer relampagueaban desde el fondo de una acequia[5] o tras los cañares[6] o ribazos[7] cuando el odiado enemigo

---

1. **sendas:** caminos
2. **mocetones:** jóvenes altos y fuertes
3. **vejete:** persona vieja y pequeña
4. **tapia:** pared
5. **acequia:** zanja de riego
6. **cañares:** sitios poblados de cañas
7. **ribazos:** terrenos con elevaciones y en declive

Palabras básicas

notables: conocidos, importantes
predicaban: aconsejaban, pronunciaban un sermón
bárbaros: incultos, salvajes

regresaba del campo; alguna vez un Rabosa o un Casporra camino del cementerio con una onza de plomo dentro del pellejo y la sed de venganza sin extinguirse, antes bien, extremándose con las nuevas generaciones, pues parecía que en las dos casas los chiquitines salían ya del vientre de sus madres tendiendo las manos a la escopeta para matar a los vecinos.

Después de treinta años de lucha, en casa de los Casporra sólo quedaban una viuda con tres hijos mocetones que parecían torres de músculos. En la otra estaba el tío Rabosa, con sus ochenta años, inmóvil en un sillón de esparto, con las piernas muertas por la parálisis, como un arrugado ídolo de la venganza, ante el cual juraban sus nietos defender el prestigio de la familia.

Pero los tiempos eran otros. Ya no era posible ir a tiros como sus padres en plena plaza a la salida de la misa mayor. La Guardia Civil no les perdía de vista; los vecinos les vigilaban, y bastaba que uno de ellos se detuviera algunos minutos en una senda o en una esquina, para verse al momento rodeado de gente que le aconsejaba la paz.

Cansados de esta vigilancia que degeneraba en persecución y se interponía entre ellos como infranqueable obstáculo, Casporras y Rabosas acabaron por no buscarse, y hasta se huían cuando la casualidad les ponía frente a frente.

la pared

Tal fue su deseo de aislarse y no verse, que les pareció baja la pared que separaba sus corrales. Las gallinas de unos y otros, escalando los montones de leña, fraternizaban en lo alto de las bardas; las mujeres de las dos casas cambiaban desde las ventanas gestos de desprecio. Aquello no podía resistirse: era como vivir en

Palabras básicas

extremándose: llevándose al extremo
escalando: subiendo

familia; la viuda de Casporra hizo que sus hijos levantaran la pared una vara. Los vecinos se apresuraron a manifestar su desprecio con piedra y argamasa, y añadieron algunos palmos más a la pared. Y así, en esta muda y repetida manifestación de odio la pared fue subiendo y subiendo. Ya no se veían las ventanas; poco después no se veían los tejados; las pobres aves del corral estremecíanse en la lúgubre sombra de aquel paredón que les ocultaba parte del cielo, y sus cacareos sonaban tristes y apagados a través de aquel muro, monumento de odio, que parecía amasado con los huesos y la sangre de las víctimas.

Así transcurrió el tiempo para las dos familias, sin agredirse como en otra época, pero sin aproximarse; inmóviles y cristalizados en su odio.

el incendio

Una tarde sonaron a rebato[8] las campanas del pueblo. Ardía la casa del tío Rabosa. Los nietos estaban en la huerta; la mujer de uno de éstos en el lavadero, y por las rendijas de puertas y ventanas salía un humo denso de paja quemada. Dentro, en aquel infierno que rugía buscando expansión, estaba el abuelo, el pobre tío Rabosa, inmóvil en su sillón. La nieta se mesaba los cabellos, acusándose como autora de todo por su descuido; la gente arremolinábase en la calle, asustada por la fuerza del incendio. Algunos, más valientes, abrieron la puerta pero fue para retroceder ante la bocanada de denso humo cargada de chispas que se esparció por la calle. ¡El pobre agüelo![9]

---

8. rebato: llamado a los habitantes de un pueblo en caso de emergencia

9. agüelo: regionalismo; quiere decir *abuelo*

Palabras básicas

estremecíanse: temblaban
amasado: unido, juntado
agredirse: atacarse, ofenderse

—¡El agüelo! —gritaba la de los Rabosa volviendo en vano la mirada en busca de un salvador.

Los asustados vecinos experimentaron el mismo asombro que si hubieran visto el campanario marchando hacia ellos. Tres mocetones entraban corriendo en la casa incendiada. Eran los Casporra. Se habían mirado cambiando un guiño de inteligencia, y sin más palabras se arrojaron como salamandras en el enorme brasero. La multitud les aplaudió al verles reaparecer llevando en alto como a un santo en sus andas al tío Rabosa en su sillón de esparto.[10] Abandonaron al viejo sin mirarle siquiera, y otra vez adentro.

—¡No, no! —gritaba la gente.

Pero ellos sonreían siguiendo adelante. Iban a salvar algo de los intereses de sus enemigos. Si los nietos del tío Rabosa estuvieran allí, ni se habrían movido ellos de casa. Pero sólo se trataba de un pobre viejo, al que debían proteger como hombres de corazón. Y la gente les veía tan pronto en la calle como dentro de la casa, buceando en el humo, sacudiéndose las chispas como inquietos demonios, arrojando muebles y sacos para volver a meterse entre las llamas.

Lanzó un grito la multitud al ver a los dos hermanos mayores sacando al menor en brazos. Un madero, al caer, le había roto una pierna.

—¡Pronto, una silla!

La gente, en su precipitación, arrancó al viejo Rabosa de su sillón de esparto para sentar al herido.

El muchacho, con el pelo chamuscado y la cara ahumada, sonreía, ocultando los agudos dolores que le hacían fruncir los labios. Sintió que unas manos trémulas,

---

10. esparto: hecho de caña

ásperas, con las escamas de la vejez, oprimían las suyas.

—¡Fill meu![11] ¡Fill meu! —gemía la voz del tío Rabosa, quien se arrastraba hacia él.

Y antes que el pobre muchacho pudiera evitarlo, el paralítico buscó con su boca desdentada y profunda las manos que tenía y las besó un sinnúmero de veces, bañándolas con lágrimas.

Ardió toda la casa. Y cuando los albañiles fueron llamados para construir otra, los nietos del tío Rabosa no les dejaron comenzar por la limpia del terreno, cubierto de negros escombros. Antes tenían que hacer un trabajo más urgente: derribar la pared maldita. Y empuñando el pico, ellos dieron los primeros golpes.

---

11. **fill meu:** regionalismo; quiere decir *hijo mío*

Palabras básicas

albañiles: personas que construyen o reparan casas
empuñando: asiendo por el puño

Responde

¿Has intentado alguna vez hacer algo para que una relación mejore? ¿De qué manera?

Vicente Blasco Ibáñez nació en España en 1867 y murió en 1928. Este cuento fue escrito a fines del siglo XIX. En él, Ibáñez describe una situación típica de rivalidades familiares en un pequeño pueblo español.

Don Paramplín

Eduardo Carranza

Don Paramplín, don Paramplín,
el niño no quiere dormir.

Don Paramplín, cae del cielo,
igual que el sueño en el desvelo.

5   Y su sombrero, un ababol,[1]
saluda vago, en rededor.

Con ademanes[2] de humo lento,
don Paramplín empieza un cuento.

Llega al arroyo con su violín
10   y, con sus alas, el serafín.[3]

Llega la abeja con su pareja,
que es la cigarra del arpa vieja.

Andando con paso divino,
llega la música de pie fino.

15   Y en puntillas, una floresta,[4]
la de la bella durmiente, llega.

Por sobre el musgo rueda que rueda,
pasa y se queda un tren de seda.

Las flores dejan silla
    de aroma
20   y, enlazadas, bailan
    en ronda.

---

1. ababol: amapola (flor)
2. ademanes: movimientos con
 los brazos y las manos que
 demuestran una emoción
3. serafín: ángel
4. floresta: selva, bosque

Y por el claro talle cogidas,
bailan también estrellas niñas.

Don Paramplín hace una seña.
(El aire ríe, el viento sueña.)

25 Todo se torna[5] en humo azul.
(En la penumbra canta el bubul.)[6]

En un caballo colorín,[7]
el sueño viene del sinfín.

Ya descabalga[8] en esa puerta
30 de tu alma, niño, al cielo abierta.

Hace una venia[9] don Paramplín
y se deslíe[10] por el aire del jardín.

---

5. se torna: se convierte
6. bubul: pájaro
7. colorín: de colores vivos
8. descabalga: bajarse del caballo
9. venia: saludo militar
10. deslíe: disuelve

Palabras básicas

musgo: pequeñas plantas que crecen sobre las piedras y los árboles cuando hay humedad
talle: cintura

Responde

- Describe lo que sientes antes de quedarte dormido(a).

Eduardo Carranza
nació en el año 1913 en Colombia. Fue periodista, poeta y educador hasta su muerte en 1985. Su obra poética se puede dividir en tres ciclos que corresponden a los años de su juventud, madurez y vejez solitaria. Expresó su sentimiento hacia la poesía en esta frase: "Creo que moriré de poesía".

Analiza la lectura

Recuerda

1. ¿Cómo cambia y se desarrolla el narrador en *Niño de barrio*?
2. ¿Por qué se pelean las dos familias en *La pared*?
3. ¿Cuándo aparece *Don Paramplín*?

Interpreta

4. Cuando todavía no sabe inglés, ¿cómo hace el niño en *Niño de barrio* para juzgar a la gente que lo rodea?
5. ¿Para qué sirve la pared en la historia de mismo título?
6. ¿Quién es Don Paramplín y por qué "cae del cielo" para contar su cuento?

Avanza más

7. En esta sección has leído relatos de varios encuentros: Ernesto conoce a sus profesores y campañeros nuevos, los Casporras se encuentran con el Tío Rabosa en las casa en llamas y un niño se encuentra con Don Paramplín. ¿Cómo cambia cada uno después del encuentro?

Para leer mejor
Las narraciones personales

La comprensión del relato que cuenta el autor te hace revivir los acontecimientos con él, y reflexionar sobre su verdadero significado. *Niño de barrio*, como otras **narraciones personales**, contiene los siguientes elementos: un suceso en el cual tomó parte el escritor, detalles del diálogo y descripciones sensoriales que dan vida propia a los acontecimientos.

1. Con un campañero haz una lista de los detalles que te ayudaron a revivir los sucesos con el autor en el cuento *Niño de Barrio*.

2. Al principio de la unidad, hiciste una tabla sobre las cosas que el autor vio, oyó y sintió. Compara con un compañero los detalles que anotaste en ella.

Ideas para escribir

Cuando lees una narración que trata un problema sin resolución, es posible que el autor te esté invitado a buscar nuevas maneras de mirar los acontecimientos.

Informe de árbitro Imagínate que eres un árbitro y que te han llamado para reducir, de alguna manera, las tensiones que existen entre dos escuelas. Usa un juego de baloncesto como ejemplo y recomienda algunas maneras de eliminar la tensión.

Narración personal Escribe una narración personal sobre un partido importante como si fueras un jugador de un equipo deportivo. Relata qué pasó desde tu punto de vista y qué significó eso para ti.

Ideas para proyectos

Conferenciante invitado Invita a un especialista en resolución de conflictos o a un líder de la comunidad para que comente estos cuentos con tu clase. Prepara una lista con las preguntas que le harás y haz un cartel que muestre lo que aprendiste sobre la manera de resolver conflictos.

¿Estoy progresando?

Habla de las preguntas siguientes con un grupo de compañeros:

¿Qué aprendí al identificar los elementos de una narración personal? ¿Cómo me puede ayudar esta técnica para leer otros tipos de literatura?

¿Qué aprendí al escribir acerca de la

Actividades

Presentación

Cómo se come una guayaba de Esmeralda Santiago
Mestizo de Francisco X. Alarcón
La Tarara de Federico García Lorca

¿Cuáles son las características de tu mundo?

Aplica lo que sabes

¿Cómo sería la vida en un mundo donde todos tuvieran la misma tradición, comieran las mismas comidas, llevaran las mismas ropas, practicaran los mismos deportes y tuvieran las mismas habilidades? Probablemente sería muy aburrida. Examina la importancia de la variedad, haciendo una o ambas de las actividades siguientes:

- Imagina un lenguaje que conste solamente de sustantivos. Escribe una nota a un compañero en la que describa una película. Usa solamente sustantivos.
- ¿Cuál sería tu película o programa de televisión favorito si todos tuvieran la misma trama y los mismos actores? Imagínate que eres crítico de cine o de televisión y presenta un informe sobre una película o un programa nuevo.

Lee activamente
Cómo identificar los elementos descriptivos

Es muy importante que un poeta o prosista sepa utilizar **elementos descriptivos** para que el lector pueda apreciar mejor los rasgos de una persona o el desarrollo de una acción. Las lecturas de este primer grupo contienen muchos detalles descriptivos. Buscar los detalles ayuda a leer más activamente. Mientras vas leyendo cada selección, identifica los elementos descriptivos y completa el esquema, siguiendo el formato de la primera línea.

Título	Persona u objeto que se describe	Detalles descriptivos
"Cómo se come una guayaba"	guayaba	superficie nudosa, cáscara gruesa

Cómo se come una GUAYABA

Esmeralda Santiago

Cuando muerdes una guayaba madura, tus dientes deben apretar la superficie nudosa y hundirse en la gruesa cáscara comestible sin tocar el centro. Se necesita experiencia para hacer esto, ya que es difícil determinar cuánto más allá de la cáscara quedan las semillitas.

En ciertos años, cuando las lluvias han sido copiosas[1] y las noches frescas, es posible hundir el diente dentro de una guayaba y no encontrar muchas semillas. Los palos de guayaba se doblan hacia la tierra, sus ramas cargadas de frutas verdes, luego amarillas, que parecen madurar de la noche a la mañana. Estas guayabas son grandes y jugosas, con pocas semillas, invitándonos a comer una más, sólo una más, porque el año que viene quizás no vendrán las lluvias.

Cuando niños, nunca esperábamos a que la guayaba se madurara. Atacábamos los palos en cuanto el peso de las frutas arqueaba las ramas hacia la tierra.

Una guayaba verde es agria y dura. Se

1. copiosas: abundantes

Palabras básicas

superficie: la parte de afuera de algo
nudosas: que tiene nudos

muerde en la parte más ancha, porque así no resbalan los dientes contra la cáscara. Al hincar[2] el diente dentro de una guayaba verde, oirás la cáscara, pulpa y semillitas crujiendo dentro de tu cerebro, y chorritos agrios estallarán en tu boca.

Descoyuntarás[3] tu faz en muecas, lagrimearán tus ojos, tus mejillas desaparecerán, a la vez que tus labios se fruncirán en una *O*. Pero te comes otra, y luego otra más, deleitándote en el sonido crujiente, el sabor ácido, la sensación arenosa del centro agraz.[4] Esa noche, Mami te hace tomar aceite de castor, el cual ella dice que sabe mejor que una guayaba verde. Entonces sabes de seguro que tú eres niña, y que ella ya dejó de serlo.

Comí mi última guayaba el día que nos fuimos de Puerto Rico. Era una guayaba grande, jugosa, la pulpa casi roja, de olor tan intenso que no me la quería comer por no perder el aroma que quizás jamás volvería a capturar. Camino al aeropuerto, raspaba la cáscara de la guayaba con los dientes, masticando pedacitos, enrollando en mi lengua los granitos dulces y aromáticos.

Hoy me encuentro parada enfrente de una torre de guayabas verdes, cada una perfectamente redonda y dura, cada una $1.59. La que tengo en la mano me seduce. Huele a las tardes luminosas de mi niñez, a los largos días de verano antes de que empezaran las clases, a niñas mano en mano cantando "ambos y dos matarile rile rile." Pero es otoño en Nueva York, y hace tiempo dejé de ser niña.

Esmeralda Santiago nació en Puerto Rico pero ha vivido muchos años en los Estados Unidos. Se graduó de la Universidad de Harvard y actualmente vive en Boston con su marido y sus dos hijos.

Devuelvo la guayaba al abrazo de sus hermanas bajo las penetrantes luces fluorescentes del mostrador decorado con frutas exóticas. Empujo mi carrito en la dirección opuesta, hacia las manzanas y peras de mi vida adulta, su previsible madurez olvidable y agridulce.

---

2. hincar: clavar

3. descoyuntarás: desencajarás, dislocarás, deformarás

4. agraz: sin madurar, ácido

fruncirán: **arrugarán la frente en reacción a un dolor o a un gusto ácido**
deleitándote: **sintiendo gran placer por algo**
pulpa: **parte carnosa de una fruta**
aroma: **perfume, olor**
previsible: **que se puede prever**

Mestizo

Francisco X. Alarcón

Traducido por Marina Harss

Mestizo
yo no
me llamo
Francisco

5 hay
un árabe
dentro de mí

que ora
tres veces
10 al día

tras
mi nariz
romana

hay
15 un fenicio[1]
que se sonríe

mis ojos
todavía divisan

Sevilla[2]
20 pero
mi boca
es olmeca[3]

mis oscuras
manos son
25 toltecas[4]

mis pómulos
aguerridos
chichimecas[5]

mis pies
30 no reconocen
frontera alguna

ni regla
ni ley
ni señor

35 para este
corazón
de nómada

Bisabuela, 1979 Richard Wyatt, cortesía del artista

---

1. fenicio: persona de la civilización muy antigua que ocupaba la región donde hoy se encuentran Siria y Líbano

2. Sevilla: gran ciudad de España, cuna del pintor Velázquez

3. olmeca: de la civilización indígena mexicana que se desarrolló entre los años 1000 a 300 antes de J.C.

4. toltecas: de la civilización indígena mexicana del siglo IX al siglo XII después de J.C. Fueron excelentes constructores

5. chichimecas: de la civilización indígena mexicana que destruyó el imperio tolteca en el siglo XII

Palabras básicas

pómulos: huesos de las mejillas

 Responde

- ¿Cómo puede tener una sola persona orígenes culturales tan variados?
- ¿Cómo son tus orígenes culturales?

Francisco X. Alarcón ha viajado mucho por los Estados Unidos y México, e hizo sus estudios académicos en los dos países y en las dos lenguas. Su abuelo, un indio tarasco, encendió su imaginación y su curiosidad al contarle historias del México antiguo.

Dice Alarcón: "nutrido por esas historias increíbles, yo…decidí…ser un escritor". Estudió en las universidades de California y en Stanford, se hizo periodista y empezó a escribir poesía. Sus libros de poesía incluyen *Tattoos, Quake Poems* y *Snake Poems*.

La Tarara

Federico García Lorca

La Tarara, sí;
la Tarara, no;
la tarara, niña,
que la he visto yo.

5 Lleva mi Tarara
un vestido verde
lleno de volantes
y de cascabeles.

La Tarara, sí;
10 la Tarara, no;
la tarara, niña,
que la he visto yo.

Luce mi Tarara
su cola de seda
15 sobre las retamas[1]
y la hierbabuena.

Ay, Tarara loca.
Mueve la cintura,
para los muchachos
20 de las aceitunas.

---

1. retamas: plantas con ramos delgados y pequeñas flores amarillas

P: ¿Quién fue **Federico García Lorca**?

R: Uno de los poetas y escritores españoles más famosos de este siglo. Nació en 1898 y murió en 1936 durante la Guerra Civil Española.

P: ¿En qué libro se publicó *La Tarara* por primera vez?

R: En el **Romancero Gitano**, una colección de poemas que describe a los gitanos del sur de España.

Responde

¿Cuando fue la última vez que te disfrazaste o te pusiste un traje típico como el de la Tarara? Descríbelo.

Palabras básicas

volantes: decoraciones de tela para un vestido de mujer
luce: viste bien

Analiza la lectura

Recuerda

1. En *Cómo se come una guayaba*, ¿cuándo comió la autora la última guayaba?
2. Cuáles son las raíces culturales del autor de *Mestizo*?
3. ¿Con qué viste La Tarara?

Interpreta

4. ¿Por qué decide la autora no comprar una guayaba al final del cuento *Cómo se come una guayaba*?
5. ¿Qué siente el autor de *Mestizo* acerca de su herencia mestiza? Explica.
6. ¿Qué puede simbolizar La Tarara?

Avanza más

7. ¿Cómo te ayuda cada poema a comprender mejor las diferencias y similitudes que observas cuando se encuentran distintas culturas?

Para leer mejor
Cómo interpretar los detalles descriptivos

El esquema que trazaste te hizo ver que el uso de los **detalles descriptivos** enriquecen un cuento o poema y lo hacen aún más interesante. En esos detalles también puede haber elementos de estilo, por ejemplo la repetición, el ritmo y la rima. Lee otra vez el segundo, tercer y cuarto párrafos de *Cómo se come una guayaba* y elimina todos los **detalles descriptivos**. ¿Te interesaría seguir leyendo el cuento de esta forma? Explica.

1. *Mestizo* no tiene ni ritmo ni rima regular. ¿Cómo se relaciona la falta de estos elementos con la decisión del poeta de no tener "ni regla ni código"?
2. Mientras lees *La Tarara* en voz alta, fíjate en el ritmo. ¿Por qué podría este poema convertirse fácilmente en una canción?

Ideas para escribir

Instrucciones Imagínate que acabas de conocer a una persona que nunca ha probado tu fruta predilecta. Escribe una lista de instrucciones detalladas para ayudarle a comer dicha fruta. Usa todos los detalles descriptivos que se te ocurran.

Ensayo personal Escribe un ensayo personal sobre alguna experiencia, como por ejemplo: comer una comida nueva, reconocer lo que significa para ti tu cultura o conocer a una persona de una cultura distina a la tuya. Recuerda que es importante el uso de detalles descriptivo al escribir—ya sea al escribir una dirección, una narración o un relato personal.

Ideas para proyectos

Tarjeta de saludos Diseña una tarjeta de saludos. Escribe como mensaje, una cita de un poema o cuento. Luego ilustra la tarjeta y envíasela a un ser querido.

Censo de población de los Estados Unidos La población de los Estados Unidos se compone de comunidades de gente de diversas razas y nacionalidades. Pide información al Departamento del Censo de los EE.UU. y averigua en qué ciudades se encuentran estas comunidades y cuál es el número de habitantes que residen en ellas. Presenta la información a la clase en forma oral o escrita.

¿Estoy progresando?

Contesta estas preguntas en tu diario:

¿Qué aprendí sobre la importancia de los detalles descriptivos mientras completaba el esquema? ¿Cómo podré usar lo aprendido cuando escriba un cuento o un poema?

¿Qué aprendí sobre el valor de la diversidad, al leer los poemas y el cuento?

Actividades
Presentación

Dulzura de Gabriela Mistral
Diálogo en el jardín de Oswaldo Díaz Díaz
Pajarita de papel de Federico García Lorca

¿Qué nos enseña sobre nosotros mismos y nuestro mundo el encuentro con otras personas?

Aplica lo que sabes

¿Te has preguntado alguna vez por qué las plantas, las hierbas o las flores son tan diferentes entre sí? ¿Qué podría la gente tener en común con las plantas? ¿Cómo un recuerdo de tu niñez puede acompañarte para siempre? Cuanto más pensamos en estas preguntas, más apreciamos la importancia de las características individuales que las distinguen. Explora estas ideas mientras haces una o ambas de las actividades siguientes:

En grupo Con un grupo de compañeros haz dos listas: en la primera incluye las características que comparten todas las plantas y en la segunda indica lo que las diferencian.

Por tu cuenta Presenta una pequeña comedia sobre un episodio de tu niñez que todavía recuerdes claramente. ¿Qué detalles de esa experiencia tuvieron gran significado para ti? ¿Qué aprendiste de ella?

Lee activamente
Cómo descubrir la intención del autor

A veces **la intención** del autor está claramente expresada porque el autor te explica por qué escribió la historia o el poema. Sin embargo, otras veces, **la intención** del autor se expresa indirectamente. En este caso, puedes descubrir **la intención** si lees activamente o escribes la frases y detalles que apuntan hacia un mensaje "escondido".

Al leer estos textos, recoge información escribiendo las frases o detalles claves que indiquen la intención del autor. Utiliza una tabla como la de esta página para anotar lo que vayas encontrando.

Título, autor	Frase o detalle	Intención del autor
Dulzura Gabriela Mistral		
Diálogo en el jardín Oswaldo Díaz Díaz		
Pajarita de papel Federico García Lorca		

Dulzura

Gabriela Mistral

Madrecita mía,
madrecita tierna,
déjame decirte
dulzuras extremas.

5   Es tuyo mi cuerpo,
      que hiciste cual ramo.
   Deja revolverlo
   sobre tu regazo.[1]

   Juega tú a ser hoja
   y yo a ser rocío:
10   sobre tus dos brazos,
   ténme suspendido.

   Madrecita mía,
   todito mi mundo,
   déjame decirte
15   los cariños sumos.

-----
1. regazo: falda de una persona sentada

Palabras básicas

rocío: condensación de agua sobre las plantas por la mañana y por la noche
suspendido: colgado
sumos: más grandes

El nombre verdadero de **Gabriela Mistral** es Lucía Godoy Alcayaga. Fue no sólo poeta, sino también maestra y representante diplomática de Chile. Uno de sus temas constantes es el amor en su sentido universal y el amor entre padres e hijos. Recibió el Premio Nobel de Literatura en 1945.

Responde

¿Cómo expresarías tus sentimientos hacia una persona especial?

DIÁLOGO EN EL JARDÍN

Oswaldo Díaz Díaz

PERSONAJES

Margarita,
Lechuga,
Trébol,
Yerbabuena,
Caracol

Escenario: El jardín

Margarita: ¡Ay!, hermana Lechuga, he estado pensando en tu destino y me parece muy poco sonriente.

Lechuga: Dios nos ha hecho a las dos para muy distintas cosas, hermana Margarita.

Margarita: Yo tengo pétalos blancos y brillantes, y mi corazón de oro. A ti te dieron hojas y unas cuantas flores.

Trébol: Tener hojas es bueno. Las flores que tengo nadie las aprecia, a pesar de ser bellas y perfumadas. En cambio, ¡hay que ver cómo persiguen mis hojas!

Lechuga: ¿Para qué? ¿Se las comen?

Trébol: No. Yo no soy una planta alimenticia, como tú; soy una planta agorera.[1]

Margarita: No entiendo.

Lechuga: Yo tampoco.

Trébol: Mejor dicho, la gente cree que yo traigo la suerte al que me encuentra y me guarda.

Lechuga: El que me encuentra a mí, tiene ensalada.

Trébol: A mí no me comen. En cuanto me ven,

exclaman: ¡Qué suerte! ¡Qué felicidad! ¡Encontré un trébol de cuatro hojas! Entonces, me arrancan con cuidado, me meten entre las páginas de un libro y me dejan secar. A veces, sufro mucho tiempo sin volver a ver la luz.

Margarita: A mí, también, me cogen con cuidado y arrancándome los pétalos uno a uno, dicen: me quiere, no me quiere, mucho, poquito, nada. Y, cuando ya saben la respuesta, yo me quedo sin un solo pétalo.

Lechuga: A mí me toman sin decir nada, me lavan, me aderezan,[2] me parten en trocitos menudos y me comen. Dicen que tengo vitaminas y que produzco sueño.

Margarita: ¿Qué son las vitaminas? A mí nadie me ha dicho que tengo vitaminas.

Trébol: ¡Qué bien huele! ¿Qué será lo que pasa?

Lechuga: ¡Ahí llega la Yerbabuena! Ella siempre huele a frescura y perfume.

Trébol: Mi flor también huele.

---

2. aderezan: adornan, condimentan

---

1. agorera: que tiene la capacidad de predecir el futuro

Palabras básicas

trébol: planta con pequeñas hojas color verde oscuro en grupos de tres; se dice que encontrar una ramita de cuatro hojas trae buena suerte

yerbabuena: hierba parecida a la menta

sonriente: que sonríe, contento(a)

alimenticia: buena para la salud, comestible

Lechuga: Es que a Yerbabuena no sólo la buscan por el olor, sino porque es medicinal.

Yerbabuena: (Entrando.) Hermanas Yerbas y hermanas Flores, que para todos haya sol, agua y tierra.

Margarita: ¿De dónde sacas tanto aroma, tanto olor?

Yerbabuena: No lo sé, como tú no sabes de dónde sacas tus brillantes pétalos blancos.

Lechuga: Y como yo no sé de dónde saco mis vitaminas.

Yerbabuena: ¿Qué son vitaminas?

Lechuga: No sé, pero yo tengo vitaminas. En cambio, no tengo hojas brillantes ni flores.

Margarita: Ni yo tengo aroma, ni vitaminas, ni suerte.

Yerbabuena: Yo tampoco tengo flores, ni suerte. Cada uno es como Dios lo hizo.

Caracol: Buenos días, hermanitas Yerbas, hermanitas Flores. ¿Por qué os gritáis[3] tanto?

Yerbabuena: Cada uno quiere tener lo que tienen los demás y nadie está contento. ¿Tú estás contento con tu suerte?

---

3. gritáis: segunda persona del plural de gritar, usando "vosotros"; el equivalente corriente es "ustedes gritan"

Caracol: Sí, hermanitas Flores. No tengo, como la Margarita, hermosas flores; no traigo, como el Trébol, la buena suerte conmigo; no tengo el poder nutritivo de la hermana Lechuga, ni tengo el aroma de la Yerbabuena; llevo mi casa a cuestas y, sin embargo, soy feliz; feliz, porque veo tus flores, hermana Margarita, y porque recibo el aroma de la Yerbabuena; feliz, porque me alimento con las hojas de la Lechuga y porque me regocijo[4] con la buena suerte del hermano Trébol. Para vivir feliz, no es necesario tenerlo todo, sino saberlo gozar todo y hacer gozar a los demás.

Trébol: ¿A quién haces gozar tú, Caracol?

Caracol: Cuando yo muera, cuando mi concha quede abandonada entre la tierra del jardín o en el polvo de cualquier camino, vendrá un niño, la recogerá, la lavará y, luego, la pondrá en su oído. Y entonces, el niño oirá el mar. El mar es algo muy grande, grandísimo, y ese niño oirá el mar, todo el mar, dentro de mi concha.

Margarita: Pero ya no gozarás con la alegría del niño, porque estarás muerto.

Caracol: No importa que yo no lo vea, si es mi concha la que trae el mar al oído del niño.

---

4. regocijo: alegría, júbilo

Responde

Si fueras uno de los personajes de este cuento, ¿cómo responderías al último comentario de Caracol?

Palabras básicas

a cuestas: **sobre la espalda**

Oswaldo Díaz Díaz escribe muchos cuentos para niños. Usa el humor y la simpleza de la naturaleza para comunicar un mensaje sobre la vida. En *Diálogo en el jardín*, demuestra cómo cada cosa y cada persona tiene algo especial e individual para compartir con el mundo.

Federico García Lorca

pajarita
DE PAPEL

¡Oh pajarita de papel!
Águila de los niños.
Con las plumas de letras,
sin palomo[1]
5   y sin nido.

Las manos aún mojadas de misterio
te crean en un frío
anochecer de otoño, cuando mueren
los pájaros y el ruido
10   de la lluvia nos hace amar la lámpara,
el corazón y el libro.

———————
1. palomo: macho de la paloma

Responde

¿Qué te gusta hacer
cuando hace frío y llueve?

Ya has leído varios poemas de **Federico
García Lorca**. Quizá sepas que también fue un
dramaturgo muy famoso. Sus obras dramáticas,
La Casa de Bernarda Alba y *Bodas de Sangre*
revelan brillantemente la vida rural en España en
los años veinte y treinta.

Descubre el sentido

Analiza la lectura

Recuerda

1. En _Dulzura_, ¿de qué manera es el niño parte de su madre?
2. ¿Sobre qué discuten los personajes de _Diálogo en el jardín_ antes de la llegada de Caracol?
3. En _Pajarita de papel_ de qué están hechas las plumas de la pajarita?

Interpreta

4. ¿Por qué compara Gabriela Mistral a una madre con un árbol?
5. Explica cómo cada personaje de _Diálogo en el jardín_ adquiere más respeto hacia sí mismo y hacia los otros, como resultado del diálogo con los demás.

Avanza más

6. Si fueras un personaje de _Diálogo en el jardín_, ¿qué les dirías a los demás sobre ti mismo? Después de conocer y tratar a los personajes, ¿los comprenderías mejor? ¿te comprenderías mejor a ti mismo?

Para leer mejor

La lista de autores con sus intenciones te ayudó a encontrar el verdadero significado del cuento y de los poemas. Lee y contesta las siguientes preguntas.

1. ¿Cuál es el mensaje de Gabriela Mistral en _Dulzura_? ¿Qué palabras o frases te aclaran el mensaje?
2. _Diálogo en el jardín_ parece al principio una comedia tonta en la cual hablan las flores y las plantas. ¿Qué quiere enseñarte el autor? ¿Qué técnica divertida utiliza para ayudarte a comprender la idea principal?
3. ¿Qué les dice Federico García Lorca a los jóvenes en su poema _Pajarita de papel_?

Ideas para escribir

Cuando los autores escriben, expresan sus sentimientos y te invitan a participar.

Poema Escribe un poema original sobre alguien o algo muy importante en tu niñez. Si quieres, escribe tu poema completando y repitiendo la frase: "Cuando era muy joven, _____." Usa cualquier otro elemento de la poesía que te pueda ayudar.

Conversación con Caracol Escribe tu propia comedia o diálogo con Caracol. Háblale de tus cualidades y cúentale tus dudas y temores. Cuando Caracol te responda, haz que sus palabras te ayuden a comprenderte mejor a ti mismo.

Ideas para proyectos

Libro ilustrado Haz ilustraciones o recorta fotos y dibujos de revistas que muestren rasgos de cada personaje de _Diálogo en el jardín_. En cada página del libro, incluye la línea de diálogo que más se relacione con el cuadro escogido.

Investigación Busca más información sobre Federico García Lorca o Gabriela Mistral en enciclopedias literarias o libros de referencia en la biblioteca de la escuela o la pública. Prepara un informe sobre su poesía para jóvenes. Cuando presentes tu informe a la clase, lee en voz alta los poemas que más te hayan gustado.

¿Estoy progresando?

Contesta estas preguntas en tu diario:

¿Cómo puedo encontrar la intención del autor en los textos?

¿Cómo podré usar lo aprendido cuando lea otros cuentos o poemas?

¿Qué ejemplos de mi trabajo escogeré para incluir en mi portafolio? ¿Por qué?

Cuando se cruzan los caminos

Los proyectos..............

Las selecciones de esta unidad ilustran situaciones, ficticias y de la vida real, que tratan de las diferencias culturales y la reconciliación entre enemigos. Los proyectos que siguen a continuación te ayudarán a entender mejor dichos temas.

Álbum de lo que tenemos en común

Compila ilustraciones, fotos y citas y haz un álbum que reúna a personas de diversas herencias culturales. Incluye fotos de líderes nacionales y locales y de los intereses que tienen en común. Incluye recortes de periódicos y revistas o dibujos que demuestren lo que han hecho estos líderes.

Lista de películas con comentarios
Habla con tus compañeros y haz una lista de películas que muestren cómo interactúan personas de diversas herencias culturales. Describe cada película brevemente, e indica cómo muestra lo que une y lo que divide a la gente. Pon las descripciones en orden alfabético, según el título y haz una presentación ante la clase.

Mural multicultural
Diseña un mural para mostrar la variedad de gente que vive en nuestro mundo. Incluye a figuras nacionales o de la comunidad que representen las diferentes culturas de tu país y utiliza citas para comunicar mejor tu mensaje. Haz un boceto de tu mural en pequeña escala para luego dibujarlo en un papel más grande. Coloréalo y exponlo en la clase.

¡Adelante!
Libros de interés

Las aventuras de Polo y Jacinta
de Bertha Hiriart

Polo y Jacinta son amigos entrañables que se ayudan mutuamente. Polo le presta su mirada a Jacinta que nació ciega, y Jacinta ayuda a tranquilizarlo con su armónica porque Polo le teme a la operación de su pierna enferma.

No era el único Noé
de Magolo Cárdenas

El autor presenta una historia de viejos patriarcas y de fascinantes animales de distintas regiones de la Tierra. Todos se encuentran con un sorprendidísimo Noé en un lugar de la Tierra al pasar los 40 días del diluvio.

El maravilloso viaje de Nico Huehuetl a través de México
de Anna Muria

Nico Huehuetl desea conocer las maravillas de su país. El maravilloso viaje, además de las sutiles descripciones y personajes fantásticos, nos permite recorrer las distintas zonas de México con otros ojos desde una perspectiva transformadora.

La decisión apropiada

Carrie's Ferryboat Ride, 1985 Robert Vickrey © 1996 Robert Vickrey/Licensed by VAGA, New York, New York

¡Entérate!

Al tomar decisiones, has tenido que escoger la más apropiada. ¿Cómo resuelves los problemas? Probablemente te has preguntado: ¿Qué alternativas tengo? ¿Qué responsabilidades tengo para con los demás? ¿Cuáles son mis prioridades?

Mientras vas leyendo los textos, haz una sección en tu diario con el título: "La decisión apropiada". Anota preguntas, respuestas e ideas propias de lo que has leído y aprendido.

Actividades

En grupo Conversa con varios de tus compañeros sobre las estrategias que emplean diariamente para tomar decisiones. Anota en una lista las decisiones que tomas, las personas que te aconsejan, cuánto tardas en tomar una decisión y los pasos que sigues para llegar a una decisión importante.

Actividades

Por tu cuenta En la primera página de tu diario haz un diagrama que ilustre las cosas de mayor importancia para ti. Escribe tu nombre en el centro y dibuja varias líneas diagonales desde el centro. Al final de cada una escribe los nombres de la gente, las cosas, los lugares y las ideas que tienen importancia para ti.

Menú de proyectos ....

Piensa en los siguientes proyectos y escoge el que más te interese. Para más detalles pasa a la página 90.

- **Caricaturas**
- **Presentación "multimedia"**
- **Libro ilustrado**

Actividades

Presentación

Las medias de los flamencos de Horacio Quiroga
Buenos consejos de Gustavo Roldán
La Zorra y las uvas de Félix María de Samaniego

¿Se puede confiar siempre en los consejos de los demás?

Aplica lo que sabes

Debes haber conocido a muchas personas que te han dado lecciones importantes. Puedes aprender de tus maestros, del director de tu equipo deportivo, de tus padres y abuelos. Tal vez, una vecina te haya enseñado a preocuparte por los animales al rescatar un gato o un perro abandonado. Hasta un desconocido puede enseñarnos algo, por lo que dice o lo que hace.

Piensa en las personas que te han enseñado algo en la vida y haz una o ambas de las actividades siguientes:

- Haz una lista de lo que has aprendido fuera de la escuela.
- Da una charla sobre películas o programas de televisión que has visto en los cuales una persona o un animal aprende una lección del padre, de un amigo, de un maestro o de otra persona. Describe las escenas que ilustran dicha lección.

Lee activamente

Cómo identificar detalles humorísticos

Con frecuencia, cuando alguien trata de aconsejarte lo hace cariñosa y seriamente. Sin embargo, a veces el humor nos da una visión positiva y efectiva de las cosas. Cada selección contiene **detalles humorísticos** que sirven de lección al lector. Si reconoces el humor en cada texto, disfrutarás más de la lectura.

Haz una tabla como la que sigue para descubrir el humor que te ayudará a aprender.

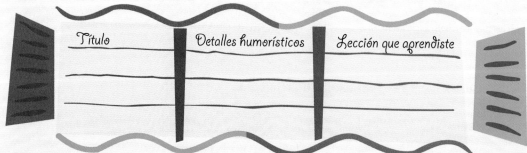

Título	Detalles humorísticos	Lección que aprendiste

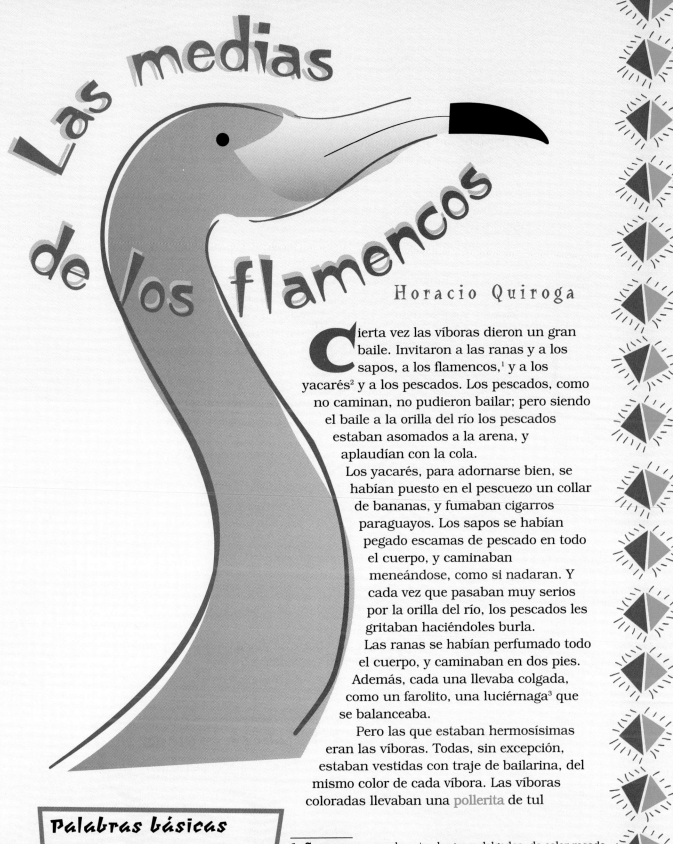

Las medias de los flamencos

Horacio Quiroga

Cierta vez las víboras dieron un gran baile. Invitaron a las ranas y a los sapos, a los flamencos,[1] y a los yacarés[2] y a los pescados. Los pescados, como no caminan, no pudieron bailar; pero siendo el baile a la orilla del río los pescados estaban asomados a la arena, y aplaudían con la cola.

Los yacarés, para adornarse bien, se habían puesto en el pescuezo un collar de bananas, y fumaban cigarros paraguayos. Los sapos se habían pegado escamas de pescado en todo el cuerpo, y caminaban meneándose, como si nadaran. Y cada vez que pasaban muy serios por la orilla del río, los pescados les gritaban haciéndoles burla.

Las ranas se habían perfumado todo el cuerpo, y caminaban en dos pies. Además, cada una llevaba colgada, como un farolito, una luciérnaga[3] que se balanceaba.

Pero las que estaban hermosísimas eran las víboras. Todas, sin excepción, estaban vestidas con traje de bailarina, del mismo color de cada víbora. Las víboras coloradas llevaban una pollerita de tul

1. **flamencos:** aves de patas largas y delgadas, de color rosado
2. **yacarés:** cocodrilos, caimanes
3. **luciérnaga:** insecto fosforescente

colorado; las verdes, una de tul verde; las amarillas, otra de tul amarillo; y las yararás,[4] una pollerita de tul gris pintada con rayas de polvo de ladrillo y ceniza, porque así es el color de las yararás.

Y las más espléndidas de todas eran las víboras de coral, que estaban vestidas con larguísimas gasas rojas, blancas y negras, y bailaban como serpentinas. Cuando las víboras danzaban y daban vueltas apoyadas en la punta de la cola, todos los invitados aplaudían como locos.

Sólo los flamencos, que entonces tenían las patas blancas, y tienen ahora como antes la nariz muy gruesa y torcida, sólo los flamencos estaban tristes, porque como tienen muy poca inteligencia no habían sabido cómo adornarse. Envidiaban el traje de todos, y sobre todo el de las víboras de coral. Cada vez que una víbora pasaba por delante de ellos, coqueteando y haciendo ondular las gasas de serpentinas, los flamencos se morían de envidia.

Un flamenco dijo entonces:

—Yo sé lo que vamos a hacer. Vamos a ponernos medias coloradas, blancas y negras, y las víboras de coral se van a enamorar de nosotros.

Y levantando todos juntos el vuelo, cruzaron el río y fueron a golpear en un almacén del pueblo.

—¡Tan-tan! —pegaron con las patas.

—¿Quién es? —respondió el almacenero.

—Somos los flamencos. ¿Tienes medias coloradas, blancas y negras?

—No, no hay —contestó el almacenero—. ¿Están locos? En ninguna parte van a encontrar medias así.

Los flamencos fueron entonces a otro almacén.

—¡Tan-tan! ¿tienes medias coloradas, blancas y negras?

El almacenero contestó:

—¿Cómo dicen? ¿Coloradas, blancas y negras? No hay medias así en ninguna parte. Ustedes están locos. ¿Quiénes son?

—Somos los flamencos —respondieron ellos.

Y el hombre dijo:

---

4. **yararás:** serpientes muy venenosasas

Palabras básicas

ondular: formar ondas al moverse

—Entonces son con seguridad flamencos locos.

Fueron a otro almacén.

—¡Tan-tan! ¿tienes medias coloradas, blancas y negras?

El almacenero gritó:

—¿De qué color? ¿Coloradas, blancas y negras? Solamente a pájaros narigudos como ustedes se les ocurre pedir medias así. ¡Váyanse en seguida!

Y el hombre los echó con la escoba.

Los flamencos recorrieron así todos los almacenes, y de todas partes los echaban por locos.

Entonces un tatú,[5] que había ido a tomar agua al río, se quiso burlar de los flamencos y les dijo, haciéndoles un gran saludo:

—¡Buenas noches, señores flamencos! Yo sé lo que ustedes buscan. No van a encontrar medias así en ningún almacén. Tal vez haya en Buenos Aires, pero tendrán que pedirlas por encomienda postal. Mi cuñada, la lechuza, tiene medias así. Pídanselas, y ella les va a dar las medias coloradas, blancas y negras.

Los flamencos le dieron las gracias, y se fueron volando a la cueva de la lechuza. Y le dijeron:

—¡Buenas noches, lechuza! Venimos a pedirte las medias coloradas, blancas y negras. Hoy es el gran baile de las víboras, y si nos ponemos esas medias, las víboras de coral se van a enamorar de nosotros.

—¡Con mucho gusto! —respondió la lechuza. Esperen un segundo, y vuelvo en seguida.

Y echando a volar, dejó solos a los flamencos; y al rato volvió con las medias. Pero no eran medias, sino cueros de víboras de coral, lindísimos cueros recién sacados a las víboras que la lechuza había cazado.

—Aquí están las medias —les dijo la lechuza. No se preocupen de nada, sino de una cosa: bailen toda la noche, bailen sin parar un momento, bailen de costado, de pico, de cabeza, como ustedes quieran; pero no paren de momento, porque en vez de bailar van entonces a llorar.

---

5. tatú: mamífero de la América tropical, con el cuerpo cubierto de placas córneas y que se enrolla en bola. Nombre con que se designan diversas especies de armadillo

Palabras básicas

narigudos: que tienen la nariz muy grande
lechuza: búho, tecolote, múcaro

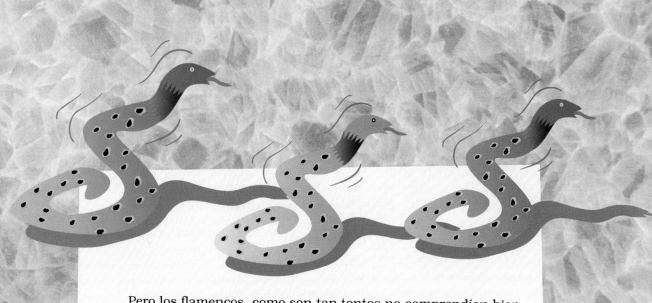

Pero los flamencos, como son tan tontos no comprendían bien qué gran peligro había para ellos en eso, y locos de alegría se pusieron los cueros de las víboras de coral, metiendo las patas dentro de los cueros, y eran como tubos. Y muy contentos se fueron volando al baile.

Cuando vieron a los flamencos con sus hermosísimas medias, todos les tuvieron envidia. Las víboras querían bailar con ellos, únicamente, y como los flamencos no dejaban un instante de mover las patas, las víboras no podían ver bien de qué estaban hechas aquellas preciosas medias.

Pero poco a poco, sin embargo, las víboras comenzaron a desconfiar. Cuando los flamencos pasaban bailando al lado de ellas, se agachaban hasta el suelo para ver bien.

Las víboras de coral, sobre todo, estaban muy inquietas. No apartaban la vista de las medias, y se agachaban también tratando de tocar con la lengua las patas de los flamencos, porque la lengua de las víboras es como la mano de las personas. Pero los flamencos bailaban y bailaban sin cesar, aunque estaban cansadísimos y ya no podían más.

Las víboras de coral, que conocieron esto, pidieron en seguida a las ranas sus farolitos, que eran bichitos de luz, y esperaron todas juntas a que los flamencos se cayeran de cansados.

Efectivamente, un minuto después, un flamenco, que ya no podía más, tropezó con el cigarro de un yacaré, se tambaleó y cayó de costado. En seguida las víboras de coral corrieron con sus farolitos, y alumbraron bien las patas del flamenco. Y vieron qué eran aquellas medias, y lanzaron un silbido que se oyó desde la otra orilla del Paraná.

—¡No son medias! —gritaron las víboras. ¡Sabemos lo que es! ¡Nos han engañado! ¡Los flamencos han matado a nuestras hermanas y se han puesto sus cueros como medias! ¡Las medias que tienen son de víboras de coral!

Al oír esto, los flamencos, llenos de miedo porque estaban descubiertos, quisieron volar pero estaban tan cansados que no pudieron levantar una sola pata. Entonces las víboras de coral se lanzaron sobre ellos, y enroscándose en sus patas les deshicieron a mordiscones las medias. Les arrancaron las medias a pedazos, enfurecidas, y les mordían también las patas, para que murieran.

Los flamencos, locos de dolor, saltaban de un lado para otro, sin que las víboras de coral se desenroscaran de sus patas. Hasta que por fin, viendo que ya no quedaba un solo pedazo de media, las víboras los dejaron libres, cansadas y arreglándose las gasas de sus trajes de baile.

Además, las víboras de coral estaban seguras de que los flamencos iban a morir, porque la mitad, por lo menos, de las víboras de coral que los habían mordido eran venenosas.

Pero los flamencos no murieron. Corrieron a echarse al agua, sintiendo un grandísimo dolor. Gritaban de dolor, y sus patas, que eran blancas, estaban entonces coloradas por el veneno de las víboras. Pasaron días y días, y siempre sentían terrible ardor en las patas y las tenían siempre de color de sangre, porque estaban envenenadas.

Hace de esto muchísimo tiempo. Y ahora todavía están los flamencos casi todo el día con sus patas coloradas metidas en el agua, tratando de calmar el ardor que sienten en ellas.

A veces se apartan de la orilla, y dan unos pasos por tierra, para ver cómo se hallan. Pero los dolores del veneno vuelven en

Palabras básicas

enroscándose: retorciéndose

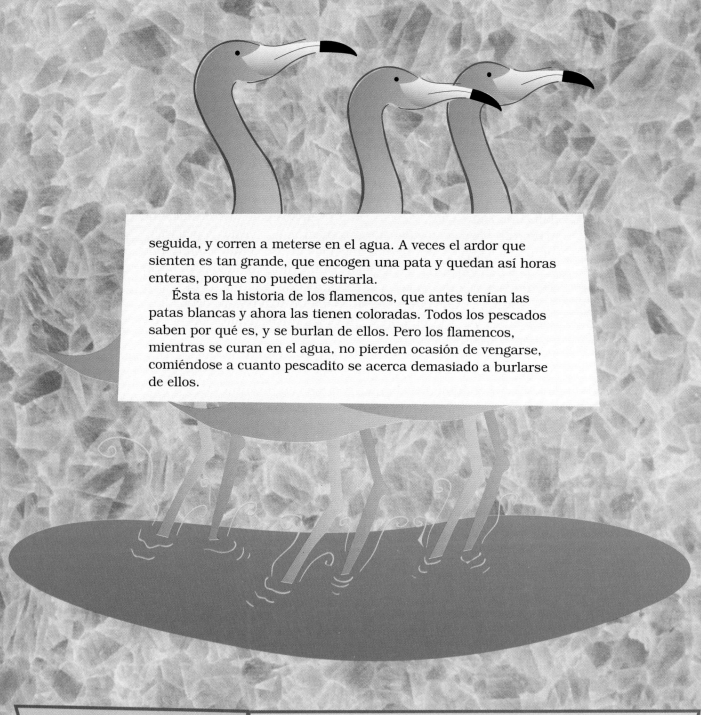

seguida, y corren a meterse en el agua. A veces el ardor que sienten es tan grande, que encogen una pata y quedan así horas enteras, porque no pueden estirarla.

Ésta es la historia de los flamencos, que antes tenían las patas blancas y ahora las tienen coloradas. Todos los pescados saben por qué es, y se burlan de ellos. Pero los flamencos, mientras se curan en el agua, no pierden ocasión de vengarse, comiéndose a cuanto pescadito se acerca demasiado a burlarse de ellos.

Responde

¿Con qué animal del cuento te identificas? ¿Por qué?

Horacio Quiroga (1878–1937) nació en el Uruguay en 1878 y los críticos literarios consideran que fue, posiblemente, el mejor cuentista de Latinoamérica. Sus cuentos combinan la naturaleza de su región, las costumbres locales y el análisis sicológico. Es también el autor de muchas alegorías excelentes como *Las medias de los flamencos.*

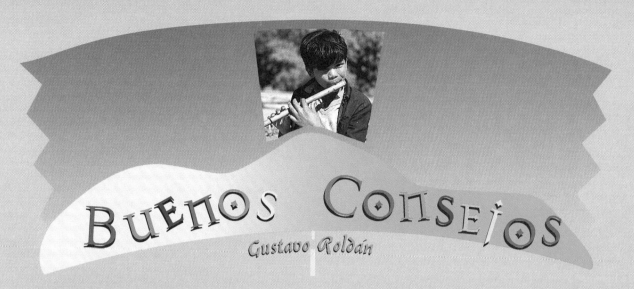

Buenos Consejos

Gustavo Roldán

El muchacho tocaba la flauta sentado bajo la sombra del algarrobo.[1] Siete cabritas pastaban en las cercanías.

Entonces paró un lujoso automóvil y se bajó un señor muy bien vestido.

—Muchacho —le dijo—, creo que estás desperdiciando tu tiempo. Tendrías que cambiar esas cabritas por un par de vaquillonas.[2]

—¿Y pa' qué?[3] —preguntó el joven.

—Esas vaquillonas después te darían terneritos que se irían multiplicando año a año.

—¿Y pa' qué?

—Cuando tengas varias vacas podrías ordeñarlas y vender la leche en el pueblo. Y después, con los años, podrías tener un tambo.

—¿Y pa' qué?

—Bueno, ahí habría trabajo para muchas personas y venderías leche en todos los pueblos vecinos. También podrías hacer quesos y otras cosas y ganar mucho dinero.

—¿Y pa' qué?

—Cuando tengas mucho dinero tendrías una enorme casa y un auto como el mío, y después ampliarías tu industria y tendrías cada vez más vacas y más quesos, y sólo recorrerías tus establecimientos mirando como trabajan los otros y vos ganarías el dinero.

—¿Y pa' qué?

—Y bueno, cuando seas un hombre maduro pondrías encargados que atiendan todo el trabajo, y vos podrías sentarte bajo un algarrobo a tocar la flauta.

—¿Y qué estoy haciendo ahora?

---

1. algarrobo: árbol cuyo fruto es una vaina azucarada y comestible de color castaño

2. vaquillonas: terneras de dos o tres años

3. pa' qué: equivalente de: *¿para* qué?

Responde

¿Qué partes del cuento, te hicieron reír? ¿Por qué?

Palabras básicas

terneritos: crías machos de la vaca
tambo: lugar donde se crían o guardan vacas para vender leche

Gustavo Roldán nació en el Chaco en Argentina. Escribe cuentos infantiles, que muchas veces ocurren en ambientes campestres. Muy a menudo, sus personajes son animales o campesinos y sus cuentos son alegorías.

La Zorra Y las uvas

Félix María de Samaniego

Es voz común que a más del mediodía,
En ayunas la Zorra iba cazando;
Halla una parra; quédase mirando
De la alta vid[1] el fruto que pendía.[2]
5   Causábala mil ansias y congojas
No alcanzar a las uvas con la garra,
Al mostrar a sus dientes la alta parra,
Negros racimos entre verdes hojas.
Miró, saltó y anduvo en probaturas;[3]
10 Pero vio el imposible ya de fijo,
Entonces fue cuando la Zorra dijo:
"No las quiero comer. No están maduras".
No por eso te muestres impaciente,
Si se te frustra, Fabio, algún intento:
15 Aplica bien el cuento,
Y di: "No están maduras", frescamente.

---

1. vid: planta que produce la uva
2. pendía: colgaba
3. probaturas: ensayos, pruebas

Responde

¿Opinas que el poeta le está aconsejando bien a Fabio? ¿Por qué si o por qué no?

Félix María de Samaniego
(1745–1801)

P: ¿Quién fue Félix María de Samaniego?
R: Uno de los más famosos escritores de fábulas de España.
P: ¿Por qué les gusta tanto a los jóvenes leer estas fábulas?
R: Porque Samaniego reescribió en rima las fábulas conocidas de Esopo y de otros.

Palabras básicas

parra: planta que produce la uva
congojas: angustias, aflicciones

Analiza la lectura

Recuerda

1. Al principio de *Las medias de los flamencos*, ¿por qué están tristes los flamencos?
2. En *La zorra y las uvas*, ¿qué dice la zorra cuando no puede alcanzar las uvas?
3. ¿Qué consejos le da el hombre bien vestido al muchacho en *Buenos consejos*?

Interpreta

4. Si fueras uno de los flamencos en *Las medias de los flamencos*, ¿qué adorno escogerías para no ofender a los demás animales?
5. ¿Quién tiene la culpa en *Las medias de los flamencos*? ¿Por qué?
6. Al final de *Buenos consejos*, ¿cómo sería la reacción del hombre bien vestido?
7. Cuando pierdas la paciencia, ¿cómo te ayudaría la frase: "No están maduras"?

Avanza más

8. ¿Actúa la gente como lo hacen los personajes en estos cuentos? Toma un ejemplo de la historia, del cine o de tu propia experiencia que confirme tu respuesta.

Para leer mejor

Cómo comprender el humor

El humor, la parte del texto que te hace reír, revela el carácter de los personajes. En los textos que has leído, los autores usan **el humor** para ilustrar algo sobre la naturaleza humana. En general, los consejos que ofrece un texto tienen efectos positivos. Sin embargo, en estos textos los consejos a veces tienen un efecto contrario. Ese resultado destaca **el humor** y revela algo sobre el comportamiento humano.

Utiliza la tabla que aparece al principio, para contestar las siguientes preguntas:

1. ¿Cómo te ayuda el humor a apreciar el cuento?
2. Escoge una de las lecturas y piensa cómo un consejo más tradicional podría cambiar el cuento. Expresa tus ideas en clase.

Ideas para escribir

Piensa en situaciones que se pueden explicar con una serie de acontecimientos cómicos.

Cuento popular Escribe un cuento popular que describa los rasgos de un animal o planta. Utiliza la descripción de sucesos humorísticos para ilustrar cómo se produjo el fenómeno. Por ejemplo, ¿cómo se le alargó el cuello a la jirafa?

Cuento detectivesco Escribe un cuento cómico en el cual un detective investiga los sucesos que terminan en un crimen. Muestra cómo el investigador entrevista a varias personas y cómo sigue la pista del criminal.

Ideas para proyectos

Móvil Haz un móvil que represente lo ocurrido en *Buenos consejos*. Coloca cada pieza como para que represente cada uno de los consejos que el hombre le da al muchacho.

Canción Escribe una canción a manera de cuento popular, que explique un acontecimiento en la naturaleza. Cada verso podría explicar uno de los episodios y la conclusión podría ilustrar por qué las cosas terminan cómo terminan. Por ejemplo, ¿cómo se formaron los Andes? Para inspirarte, escucha canciones folklóricas de culturas distintas.

¿Estoy progresando?

Dedica unos momentos a contestar las siguientes preguntas.

En los cuentos, ¿cuáles de los elementos humorísticos fueron fáciles de encontrar? ¿Cuáles fueron difíciles?

Cuando lea otras obras literarias, ¿cómo me ayudará el saber encontrar los detalles humorísticos?

Presentación

Líder en el espejo de Pat Mora
La cangreja consejera de Rafael Pombo

¿De qué modo afectan los pensamientos nuestra experiencia?

Aplica lo que sabes

Si la experiencia es como la comida antes de ser cocida, el pensamiento es como el fuego que la cuece. Si la experiencia es como un diamante, el pensamiento es como una mano que lo mueve para que refleje la luz.

Estas comparaciones ilustran lo que significa pasar por una experiencia y después pensar en su significado. Con un compañero, escoge una de las comparaciones y explícala en tus propias palabras. Entonces, haz una o ambas de las siguientes actividades:

- Con un compañero, piensa en otra comparación que describa lo que pasa cuando uno pasa por una experiencia y después piensa lo que significa.
- Explícale a un compañero qué significa pasar por una experiencia después de reflexionar sobre lo sucedido.

Lee activamente

Identifica los elementos de un ensayo contemplativo

A veces, los escritores "piensan en voz alta" cuando escriben sobre sus experiencias en un tipo de obra literaria corta que se conoce como un **ensayo contemplativo**. Este tipo de ensayo tiene, generalmente, los siguientes elementos:

- la descripción de una experiencia personal y el uso del pronombre *yo*
- un tono amistoso e informal
- reflexiones del autor sobre esa experiencia

Al identificar estos elementos, podrás participar con el escritor en su búsqueda de un significado más profundo de la experiencia. Según vas leyendo *Líder en el espejo*, anota estos elementos en una tabla como la siguiente:

Experiencia personal:
....

Tono amistoso:
....

Pensamientos del autor:
....

Líder en el espejo

de Pat Mora

traducción de Consuelo Corretjer Lee

Todos los años, el periódico de El Paso, Texas, ofrece un banquete[1] para homenajear a cinco estudiantes de la escuela secundaria de esa localidad que se han destacado por su excelencia en logros académicos. El año pasado, al dirigirme al grupo presente en esa ocasión, el salón del hotel de lujo donde se llevaba a cabo la actividad estaba abarrotado de orgullosos estudiantes y sus familiares. Las aspiraciones de los estudiantes tenían el efecto de una poderosa vitamina que llenaba de energías a los padres, a los educadores y a los invitados.

---

1. banquete: comida a la que concurren muchas personas para celebrar algún suceso u homenajear a alguien

Palabras básicas

homenajear: rendir honor a una o varias personas, en un acto público

Comencé con una felicitación a los familiares y a los maestros por ser los faros de luz[2] estables para esos jóvenes. En una sociedad que le da poca importancia a la familia y al educador, ellos habían cumplido con sus compromisos con esos estudiantes.

Mientras preparaba la charla que daría ante el grupo, me preguntaba cuál sería la mejor manera de propiciar esta ocasión para la reflexión. ¿Qué podría decirle a ese público acerca de la lucha diaria que forja una vida con significado?

Recuerdo que cuando planeaba fiestas para mis hijos cuando eran chicos, seleccionaba cuidadosamente los obsequios para los invitados, recordatorios que les acompañarían por toda la vida. Como el banquete sería una especie de fiesta, puesto que era una celebración académica, me pregunté qué regalos escogería para colocar en cada lugar de la mesa.

Sabía que los estudiantes me querrían si pudiera regalarles las llaves de un rojo automóvil nuevo o pasajes para viajar de vacaciones a una isla paradisíaca. Pero, soy escritora, no millonaria. Así, que decidí hacerles regalos imaginarios. Cada uno de ellos recibiría confeti[3], una grabadora, una fotografía y un espejo. Símbolos y metáforas que les acompañarían toda la vida.

Abrigué la esperanza de que la mayoría de ellos se matricularía en la universidad. El confeti era para sus celebraciones a solas; para esos momentos luego de haber pasado un examen que había sido motivo de preocupación, de terminar a las dos de la mañana un difícil trabajo escrito, de obtener una práctica para el verano. A veces, aunque nadie nos acompañe, es importante el celebrar después de luchar arduamente y lograr el éxito, echándonos un poco de confeti por la cabeza.

¿Por qué regalarles grabadoras? Les leí mi poema, *Inmigrantes*.

Inmigrantes
envuelven a sus bebés en la bandera americana
les sirven puré de hot dogs y pastel de manzana,
los nombran Bill y Daisy,
les compran muñecas rubias que pestañean azules
ojos o una pelota de fútbol y tojinitos
antes de que el bebé ni pueda andar
les hablan en un inglés espeso,
alou, beibi, alou,
susurran en español o polaco
cuando los bebés duermen, susurran
en la oscura cama de los padres, ese oscuro
temor de los padres, "¿Querrán a nuestro
hijo, a nuestra hija, nuestro buen americano,
nuestra buena americana?"

Como escritora, entiendo lo que vale y lo necesario que es el conocer el pasado, el mantener abierta esa puerta. Las historias familiares son el catalizador[4] para mi creatividad. En las vidas de todos nosotros hay personas cuyas voces valen la pena conservarse, si tomamos el tiempo para hacerlo.

Mi padre fue, en una época, vendedor de periódicos del diario que auspició el banquete. Pude no haberme enterado de ello, ni de su largo historial de arduo trabajo, si no es porque le escuché decírselo a mi grabadora hace unos años atrás. Quería que los estudiantes no esperaran tanto como yo para comenzar a preservar la rica herencia de las voces familiares. La fortaleza de su herencia les daría el coraje para enfrentar el futuro.

El tercer regalo fue una fotografía de la frontera entre El Paso y Juárez con el desierto de Chihuahua, el Río Grande,

---

2. faros de luz: guías, en sentido figurado. En sentido literal, son torres altas de las costas y los puertos para guiar de noche a los navegantes

3. confeti: pedacitos de papel de color que se arrojan generalmente en las fiestas de carnaval

4. catalizador: sustancia que produce la aceleración de una reacción química permaneciendo intacta

Palabras básicas

obsequios: regalos
práctica: curso en el cual se aprende haciendo las cosas, a diferencia de leyendo sobre cómo se hacen

una montaña austera; dos ciudades fronterizas de gran crecimiento descontrolado. Al igual que nuestras familias, la geografía forma parte de nuestro ser.

Cuando me criaba en el lado estadounidense[5] de esa frontera, la sociedad que me rodeaba intentó de maneras sutiles y obvias, de convencerme de que mi herencia mexicana era inferior a la de los angloamericanos. Ojalá que los educadores de hoy en día, en la frontera y por todo el país, estén comprometidos con el multiculturalismo, con estimular a la próxima generación para que extraigan de su herencia los recursos para aprender. A los Estados Unidos se le ha descrito como el primer país internacional. Nuestra riqueza en común consiste de nuestra variedad de culturas.

Las fronteras - y si prestamos atención al asunto nos damos cuenta de que todos habitamos fronteras, sean éstas nacionales o no - son puntos de tensión y de aprendizaje. Las fronteras nos convidan a enfrentar diferencias, inequidades, estereotipos. Nos invitan a colaborar para que haya cooperación entre las culturas y a celebrar la riqueza de los múltiples idiomas.

Para finalizar, el espejo era un regalo para que se miraran fijamente. Les pregunté a esos jóvenes si al mirarse al espejo, cada uno de ellos veía el reflejo de un líder. Adivino que demasiados de nuestros jóvenes no se ven a sí mismos como líderes porque no tienen la apariencia, ni se visten, ni se expresan como las imágenes de los líderes que nos presentan como modelos. Pero los líderes pueden ser de todos los colores, formas y tamaños. Algunos son locuaces[6] mientras que otros son de pocas palabras; pero todos tienen en común la voluntad de contribuir a la sociedad del futuro.

Les exhorté a que se miraran en sus espejos a menudo y que se hicieran las siguientes preguntas: "¿Estoy satisfecho(a) con el mundo como está? Si no lo estoy, ¿qué haría para mejorarlo?" Porque si bien es verdad que el ambiente nos amolda, a su vez nosotros le damos forma al ambiente. Nos engañamos nosotros si creemos que podemos ser neutrales en el paso por la vida.

Una tercera parte de los habitantes de este país tiene raíces que no son de Europa occidental. Hemos de continuar malgastando nuestros talentos si nuestros líderes políticos, científicos, comerciales, educativos y artísticos, no representan a nuestra gran variedad. Insté a los estudiantes (y a todos los que estábamos allí presentes) a que reflexionaran sobre la dureza de las montañas que nos rodeaban y enfrentaran el reto.

---

5. estadounidense: penteneciente a los Estados Unidos
6. locuaces: que hablan mucho

Pat Mora

P: ¿Dónde vivió Pat Mora durante su niñez?

R: En El Paso, Texas, en la frontera entre México y los Estados Unidos.

P: ¿Cuál es la importancia de las fronteras en sus escritos?

R: En este ensayo, Mora describe la importancia que las fronteras han tenido para ella. Hasta le dio el título de *Fronteras* a un libro de poesía.

P: ¿Sobre qué escribe Mora?

R: Mora escribe cuentos y poemas sobre sus experiencias como mexicanoamericana.

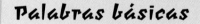

Palabras básicas

occidental: persona u objeto que proviene de un lugar localizado en el punto cardinal por donde se pone el sol; conjunto de países de varios continentes, cuyos idiomas y culturas originan en Europa

Responde

- ¿En qué áreas o circunstancias podrías ser un(a) líder?
- Con un compañero, habla de los regalos imaginarios que podrías dar a tu familia o a tus amigos.

La cangreja consejera

Rafael Pombo

Anda siempre derecha,
querida hijita,
(Mamá cangreja dijo
a cangrejita);
5   para ser buena,
obedece a tu madre
cuanto te ordena.

Madre, responde aquélla,
voy a seguirte,
10   no quiero en ningún caso
contradecirte.
Ve, tú, delante,
que dándome el ejemplo,
lo haré al instante.

Palabras básicas

cangreja: hembra de un animal crustáceo que tiene cinco pares de patas

contradecirte: decir lo contrario de lo que tú dices

Rafael Pombo (1835–1912) es un poeta colombiano que nació en Bogotá. Sus versos expresan un profundo sentido humano. Sus obras incluyen *La hora de las tinieblas*, *Preludio de primavera* y *Éxtasis*.

Responde

¿Qué has aprendido de tus padres, de otros parientes o de otros adultos que conoces?

Descubre el sentido

Analiza la lectura

Recuerda

1. En *Líder en el espejo*, ¿qué explicación da Mora para cada regalo?
2. En *La cangreja consejera*, ¿qué tiene que hacer la cangrejita para ser buena?

Interpreta

3. Según Mora, en *Líder en el espejo*, ¿cómo son "nuestra riqueza en común… nuestra variedad de culturas"?
4. ¿Cuál de los regalos imaginarios de Mora es el más valioso? Cuando contestes, piensa cómo podrían serte útiles esos regalos.

Avanza más

5. Qué regalos simbólicos has recibido? Explica.

Para leer mejor

Analiza un ensayo contemplativo

La tabla que hiciste demostró cómo Pat Mora usa el ensayo contemplativo para reflexionar sobre la experiencia de planear y presentar un discurso. El mismo también le ofrece la oportunidad de compartir sus experiencias y sus pensamientos con sus lectores. Mediante el ensayo, Mora puede ofrecer regalos simbólicos a sus lectores.

Además, los que oyeron su discurso en vivo no supieron cómo lo había preparado. Los lectores del ensayo pueden enterarse de cómo fue la experiencia de preparar el discurso.

1. Busca un ejemplo del estilo informal de Mora y explica cómo éste le ayuda a identificarse con los lectores.
2. Escoge un fragmento del ensayo para explicar cómo Mora enriquece su experiencia al reflexionar sobre la misma.
3. En tus propias palabras, haz un resumen de lo que Mora aprendió después de haber presentado su discurso y de haber reflexionado sobre su experiencia.

Ideas para escribir

El ensayo y los poemas que has leído podrían estimularte a pensar en lo que se necesita para ser escritor(a).

Discurso de graduación Escribe un discurso de graduación que podrías presentar a tus compañeros de clase. Sigue el modelo de Mora y dedícales a tus compañeros regalos simbólicos, que les sean útiles en el futuro.

Manual de instrucciones Haz un manual que ilustre lo que se necesita para ser un líder. Podrías escribir secciones sobre el liderazgo en los deportes, en el gobierno estudiantil, en tu comunidad o en el mundo.

Ideas para proyectos

Capacitación de líderes Investiga las oportunidades que existen en tu comunidad para la capacitación de líderes. Podrías empezar tu investigación en la biblioteca o en un centro social. Presenta tus hallazgos, ante la clase.

Baile Crea un baile que demuestre las cualidades de un buen líder. Puedes componer tu propia música o usar algo que ya esté grabado. El baile podría estar acompañado por un cantante o un narrador. Preséntalo ante la clase.

¿Estoy progresando?

En tu diario, escribe las respuestas a estas preguntas:

¿Cómo ayudó a mi comprensión del texto escrito por Mora, el haber identificado los elementos de un ensayo contemplativo? ¿Cómo puedo utilizar esta técnica cuando lea otros tipos de literatura?

¿Qué aprendí sobre mi responsabilidad hacia los demás al leer estos textos?

El congreso de los ratones de Félix Lope de Vega
La piedra de la felicidad de Carlos José Reyes

¿Qué nos ofrece el teatro?

Aplica lo que sabes

Hay dramatismo por todas partes —en las películas, en los programas de televisión y en el teatro. Tus amigos probablemente discuten las películas más recientes o predicen cómo va a terminar una miniserie. Los círculos teatrales hacen representaciones para parientes y amigos. Sin embargo, no todas las presentaciones dramáticas son iguales. Piensa en la diferencia que existe entre la representación de una obra teatral y una película. Con un grupo pequeño, haz una o ambas de las siguientes actividades:

- Haz listas de las similitudes y las diferencias entre el cine y el teatro.
- Describe los papeles que has interpretado en presentaciones teatrales de la escuela o de la comunidad. Interpreta algunos de ellos para tu grupo.

Lee activamente
Cómo identificar los conflictos en una obra de teatro

Un drama es una serie de sucesos basados en los **conflictos** que existen entre lados opuestos. Los conflictos de una obra dramática se revelan mediante el diálogo; o sea, las conversaciones entre los personajes. Cuando lees una obra dramática, puedes identificar los **conflictos** por medio de tristas en el diálogo, como el estado de ánimo que revelan las palabras. Al identificar los **conflictos,** entenderás el desarrollo de la obra.

Mientras leas esta comedia, imagínate que eres parte del público en el teatro. Identifica los conflictos entre los personajes principales, el mendigo y el hijo del Rey. Escucha lo que dicen y visualiza lo que hacen. En un diagrama como el siguiente, apunta los conflictos que "ves" y "oyes".

Mendigo	dice
	hace
Hijo del Rey	dice
	hace

EL CONGRESO DE LOS RATONES

Félix Lope de Vega

Juntáronse los ratones,
para librarse del gato
y después de largo rato
de disputa y oposiciones,
5   dijeron que acertarían
en ponerle un cascabel,
que andando el gato con él,
guardarse mejor podrían.

Salió un ratón barbicano[1],
10   carilargo, hociquirromo[2],
y encrespando el grueso lomo,
dijo al Senado romano,
después de hablar culto un rato:
¿quién de todos ha de ser
15   el que se atreva a poner
ese cascabel al gato?

---

1. barbicano: de barba canosa
2. hociquirromo: de hocico chico y poco puntiagudo

Responde

¿Cuál es la moraleja
de esta fábula?

Palabras básicas

acertarían: conseguirían lo
deseado
cascabel: bola de metal, hueca
y agujereada con una pepita de
metal por dentro que suena
encrespando: erizando

Félix Lope de Vega fue uno de los poetas y dramaturgos más prolíficos de la Edad de Oro de España. Escribió su primer poema a los doce años. Compuso versos con tal abundancia que fue dado el sobrenombre de "Fénix de los ingenios". Entre sus numerosas obras se encuentran *El caballero de Olmedo*, *El mejor alcalde*, *el Rey* y *La Dorotea*.

La piedra de la felicidad

Carlos José Reyes

Personajes:

EL MENDIGO
EL HIJO DEL REY
EL REY
LA REINA
EL CONSEJERO DE LA CORTE
EL TESORERO REAL
EL CAMPESINO
LA CAMPESINA
EL REY BLANCO
EL REY VERDE
EL JOYERO REAL DEL REY BLANCO
EL HERALDO[1]

---

1. heraldo: portavoz, mensajero

INTRODUCCIÓN: *(La campesina aprece frente al telón de boca).*

CAMPESINA: —Bienvenidos todos a este juego. Se trata de una obra del teatro que narra algunos sucesos basados en la vida real. ¿Quieren que les cuente? ¿Sí? Bueno. Entonces, no se muevan de sus puestos. Muy pronto, el telón subirá y la historia se iniciará…

(La campesina desaparece, mientras sube el telón).

I

EL CAMINO

(Un mendigo relata una historia.)

MENDIGO: —Sí; fui yo el que me encontré esta piedra. Es una piedra común, pero voy a contarles mi secreto. *(Mira a un lado y otro de la escena).* La encontré ayer, en el medio del camino, cerca de un manantial. Ayer... yo estaba muy triste. Iba caminando y veía a los hombres en el campo, muy alegres en su trabajo. Y me dije: estoy triste, porque no trabajo; seguí caminando y ¡encontré esta piedra negra! Al verla, me dio risa y ya no estuve triste. Entonces, le puse el nombre de "La piedra de la felicidad".

(Por el fondo de la escena, aparece el hijo del rey).

HIJO DEL REY: —¡Lo que has contado es una mentira!

MENDIGO: —¿Quién eres?

HIJO DEL REY: —Soy el príncipe, mandamás, hijo del rey de estas comarcas.[2] ¿Por qué dices todas esas mentiras?

MENDIGO: —¡Es la verdad!

HIJO DEL REY: —¡Tendrás que mostrarme la piedra negra!

MENDIGO: *(La levanta apenas, para que el príncipe la vea.)* —La piedra negra me ha hecho feliz.

HIJO DEL REY: —¡Dame esa piedra! ¡Es mía!

MENDIGO: *(Saliendo de la escena.)* —Perdóname, pero yo la encontré ayer, cerca de la fuente, al final del camino. Si me la quitas, perdería mi felicidad.

HIJO DEL REY: —No quieres dármela, ¿verdad? ¿Cómo puedes contar historias que no son oficiales sin permiso del rey? *(El mendigo desaparece).* ¡Voy a contar todo esto a mi padre!

_____
2. comarcas : regiones, territorios, provincias

II

(En el palacio real. Ahora, se observa el trono real en escena. El rey y la reina hablan. Se escucha música).

EL REY: —Estoy fatigado... ¡Puff! *(Se sienta. La música se detiene).*

LA REINA: —¿Algo le preocupa al señor mi rey?

(Entra el hijo del rey en carrera).

HIJO DEL REY: —¡Papá, mamá, quiero esa piedra!

EL REY: —¿Qué piedra?

HIJO DEL REY: —La piedra de la felicidad.

EL REY: —Anda, hijo, ve y tómala.

HIJO DEL REY: —Eso traté de hacer, pero no pude.

LA REINA: —Entonces, toma otra. En el reinado, hay muchas piedras.

HIJO DEL REY: —Pero yo no quiero otra. Quiero esa piedra.

EL REY: —¿De qué estás hablando?

HIJO DEL REY: —De una piedra negra que encontró un mendigo cerca del manantial. Dice que es la piedra de la felicidad y no quiere dármela. *(Furioso).* ¡Hasta llegó a burlarse de mí!

REY Y REINA: —¿Cómo? ¿Burlarse de nuestros hijos?

HIJO DEL REY: —¡Sí!

EL REY: —¡Esto es muy grave! Es una insubordinación. Llamaré a mi consejero. ¡Señor consejero!

(Aparece el consejero: con barba, anteojos y un libro en la mano).

Palabras básicas

insubordinación: rebeldía

CONSEJERO: —Cuando el rey me llama, es porque me necesita. ¿Quería un servicio, señor rey?

LA REINA: —Mi hijo ha sido insultado.

HIJO DEL REY: —Por un mendigo, que no me quiso entregar la piedra de la felicidad.

CONSEJERO: —Comprendo, comprendo... Uhmmm, Uhmmm. El mendigo ha encontrado una piedra negra en su camino... Si fuera valiosa, el mendigo no tendría que pedir limosna de ahora en adelante. Si el hijo del rey quiere esa piedra... la piedra es valiosa.

EL REY: —¡Exacto! Has comprendido.

CONSEJERO: —Supongamos que la piedra no es valiosa. Pero si la quiere el hijo del rey, entonces adquiere un valor... pero... está en manos del hombre más pobre del reino.

FAMILIA REAL: —¡Ohhh! El rey es dueño de este lugar y, también, su hijo, luego...

HIJO DEL REY: —¡La piedra es mía!

CONSEJERO: —Pero hay un pequeño inconveniente.

HIJO DEL REY: —¿Cuál?

CONSEJERO: —El mendigo.

EL REY: —Bueno, bueno. Que venga el tesorero. ¡Tesorero!

Procession through Perugia, Matricola Dei Banchieri Manuscripts/*Superstock*

Aparece el tesorero real, con un ábaco³ en las manos).

TESORERO: —¿Me necesita, señor rey?

EL REY: —Sí, señor tesorero. Tenemos un problema real y económico.

TESORERO: ¿Cuánto dinero necesita, señor rey?

HIJO DEL REY: —Yo quiero una piedra negra que un mendigo encontró en un manantial; estaba en el territorio de mi padre, pero el mendigo no quiere dármela.

EL REY: —Y nosotros queremos comprársela.

CONSEJERO: —¡Así es!

LA REINA: —Sí, señor tesorero, pero no por muy alto valor. Este reino se precipita a la bancarrota.

TESORERO: —¿Cuánto quieren pagar por ella? *(Da vueltas pensativo).* ¡Ya está! Vamos a preguntar al mendigo cuánto cobra por ella y, así, arreglaremos el negocio. ¿Qué les parece?

CONSEJERO: —¡Muy bien! ¡Lo felicito!

EL REY: —Sí. Busquemos al mendigo.

LA REINA: —¡Vamos!

III

(Un camino. A un lado hay un árbol).

HERALDO: *(Entra tocando una cometa).* —Atención, atención, vengan, campesinos. El rey solicita la presencia de un mendigo que

---

3. **ábaco:** cuadro de madera con alambres paralelos por los que corren bolas movibles, que sirve para enseñar el cálculo matemático

4. **rimbombante:** que resuena, retumba y repercute

Palabras básicas

precipita: cae
bancarrota: quiebra, descrédito

bla, bla, bla, bli, bli, bla, bla, bla. ¡Busquen al mendigo enseguida! *(Se retira el heraldo. Los campesinos buscan en el escenario).*

CAMPESINO: —En todo el territorio, se habla de la piedra negra... ¿Para qué querrá el rey una piedra negra si es el dueño de la región? *(En ese instante, aparece el mendigo. Los campesinos lo rodean, mientras que el heraldo da vueltas).*

HERALDO: —¡Alto! ¡Señor rey! ¡Señora reina! ¡Príncipe heredero! ¡Señores consejero y tesorero! *(Entran montando en caballitos de colores; se escucha una rimbombante⁴*

fanfarria[5].

EL REY: —¡Por fin lo veo, amigo mío! Hemos hecho un gran recorrido, buscándolo. ¡Qué calor hace!

MENDIGO: —¿No quisiera el rey resguardarse a la sombra de este maravilloso árbol?

EL REY: —¡Sí, sí! ¡Qué alivio! Bueno... Queremos ver tu piedra negra...

MENDIGO: —Oh... He dejado la piedra un poco lejos de aquí, en lo alto de la montaña. Es de poco valor... la encontré en el camino, cerca del manantial. Es una piedra común.

EL REY: —Mi hijo me ha dicho que esa piedra trae la felicidad. ¿Es cierto?

CAMPESINOS: —¡Eso ha dicho él!

TESORERO: —Queremos comprarle esa piedra. ¿Cuánto pide por ella?

MENDIGO: —Es una piedra ordinaria. Ni el más necio cobraría algo por ella.

EL REY: —Tráela, entonces. Agradezco profundamente el obsequio y, de todos modos, tendrás una recompensa.

MENDIGO: —El rey no me ha entendido. No puedo traer esa piedra.

EL REY: —Bien. Te daré por ella... cincuenta monedas de oro.

MENDIGO: —Imposible. ¡No puede ser!

EL REY: —Cien monedas. ¡Pero nada más! *(La reina hace un ¡Ohhh! y se desmaya. El consejero y el tesorero se apresuran a sostenerla).*

MENDIGO: —No, señor.

EL REY: —¿Qué quieres, entonces?

MENDIGO: —La piedra negra.

(El rey sale seguido por su séquito[6].*)*

CAMPESINO: ¿No dijiste que esa piedra traía la felicidad?

CAMPESINA: —¡Qué tonto! Perder cien monedas de oro.

IV

(Lejanos redobles. Comienzan a oírse tambores y pisadas por toda la escena. Entra el rey blanco).

REY BLANCO: *(Colocando su bandera).* —¿Dónde está el mendigo que tiene la piedra de la felicidad? He venido desde mi imperio[7] a buscarlo. Hasta allí, han llegado los rumores.

REY VERDE: *(Apareciendo con su máscara verde).* —Hasta mis territorios llegaron también los rumores. Vengo a comprarla o a negociarla.

LOS DOS REYES: *(En coro).* —¡Hemos venido desde lejos! ¡Queremos la piedra negra! ¡Queremos la felicidad!

HIJO DEL REY: —¡Quiero la piedra!

CONSEJERO: —¡Calmaos! ¡No armemos el desorden!

EL REY: —¡Señores! ¡Por favor! ¡Establezcamos una paz honorable! Serenémonos. En este

---

5. fanfarria: conjunto musical ruidoso

6. séquito: comitiva, conjunto de personas que forman el acompañamiento de una persona importante

7. imperio: conjunto de estados sujetos a un emperador que impone la lengua y la cultura de su país a otras naciones

momento, mis ayudantes están buscando al mendigo. Esperemos y luego firmaremos un acuerdo internacional entre nosotros.

HIJO DEL REY: —¡Quiero la piedra!

REY VERDE: —¡Silencio, niño! Permita a los mayores arreglar este asunto.

LA REINA: *(Con un poco de protocolo).* —¡Ejem! ¡Puff! ¡Qué calor! Tenemos el inmerecido honor de invitarlos a nuestro palacio a tomar un vaso de vino.

REYES VERDE Y BLANCO: —¡Gracias! Queremos la piedra.

HIJO DEL REY: —¡Quiero la piedra!

EL REY: —¡Cállate! ¿Todavía no has comprendido lo que está ocurriendo? *(Entran los campesinos con el mendigo. Todos lo rodean).*

REY VERDE: —¿Dónde está la piedra?

EL REY: —¡Esto es serio!

REYES VERDE Y BLANCO: — ¡Queremos la piedra ya!

MENDIGO: —¡Aquí está! *(Pasa la piedra de mano en mano).*

TODOS: —Grrr… Grrr… Grrr…

REY BLANCO: —Señores, por favor, no hagamos tonterías. Conmigo vino el joyero real. El se encargará de estudiar la piedra y de decir cuál es su valor real. Calma, calma. Señor joyero, estudie usted esta piedra.

(Aparece el joyero real, cargado de diversos y estrambóticos[8] aparatos, lupas, microscopios, balanzas, etc. Toma la piedra en sus manos y, con un pequeño lente que se coloca sobre el ojo derecho, comienza a estudiarla detenidamente. Todos lo rodean con gran expectativa. Aprovechando la distracción, el mendigo resuelve irse).

JOYERO: —¡Uhmmm!

REY BLANCO: —Por favor, si ya sabes el valor de esta piedra, dínoslo.

JOYERO REAL: —Esta piedrecilla corresponde al género de las llamadas "pietrunculus comunet", que significa: piedras comunes, o mejor dicho, pedazo de tierra endurecida y reseca. Tiene el mismo valor que cualquiera de las piedras arrojadas al borde del camino.

TODOS: —¿Es… Es… Es…tás seguro?

JOYERO: —Completa y totalmente segurísimo. Tengo diecisiete títulos de altísima joyería, otorgados por academias que estudian tesoros.

REY BLANCO: —Él dice la verdad.

LOS OTROS: —¡Ohh…!

REY VERDE: —Hemos sido engañados. ¿Qué broma es ésta? ¿Dónde está la seriedad internacional? ¡Sepa, señor rey, que a mi imperio le costará mucho tener negociaciones con ustedes! ¡Adiós!

REY BLANCO: —Igualmente, digo yo. Esto es un desaire a mis territorios. Ustedes han hecho circular esos rumores. Un rey así no debía estar en el trono. ¡Adiós!

---

8. **estrambóticos:** extravagantes, raros

EL REY: *(Después de un momento de silencio).* —Y ahora, muchachito, ¿aún quieres esa piedra? ¿Si ves lo que causaste? *(El hijo del rey se queda callado y apesadumbrado.)*

LA REINA: —Teniendo tantas joyas, tantos tesoros y tan hermosos juguetes, ¿tenías que armar tan grande alboroto?

TESORERO: —Uno menos uno: igual cero. (Sale).

CONSEJERO: —¡Qué actitud la de este niño!

EL REY Y LA REINA: —Vete a la torre, castigado.

---

9. **apesadumbrado:** triste, acongojado

10. **percance:** contratiempo, daño, perjuicio imprevisto

EL REY: *(Mirando a los campesinos).* —Ustedes retírense a sus casas y, por favor, olviden este percance.[10]

(Salen el rey y la reina. El mendigo reaparece, toma la piedra en sus manos y sonríe).

MENDIGO: —Tantas personas peleando. Yo no pensé que esto pudiera ocurrir. El príncipe fue castigado. ¿Qué querían encontrar? Busca, busca, amiguito, la felicidad, pero respetando la felicidad de los demás.

Telón.

Responde

¿Qué pasó cuando deseaste algo desesperadamente y luego resultó que no valía la pena? Explica.

Palabras básicas

alboroto: vocerío, algarabía, ruido

Carlos José Reyes es un escritor colombiano de cuentos infantiles. En *La piedra de la felicidad*, usa una obra de teatro para dramatizar de forma satírica las relaciones entre los personajes. Así crea una alegoría que demuestra el valor relativo de los objetos.

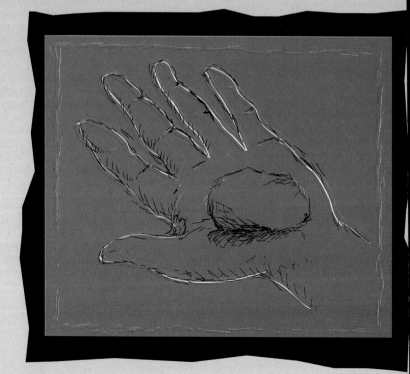

Analiza la lectura

Recuerda

1. En *El congreso de los ratones*, ¿para qué se reúnen los ratones?
2. ¿Por qué el hijo del Rey quiere la piedra negra en *La piedra de la felicidad*?
3. ¿Por qué la piedra negra es tan importante para el mendigo?

Interpreta

4. En *El congreso de los ratones*, ¿Cuál es el significado de la pregunta del ratón barbicano?
5. En *La piedra de la felicidad*, ¿por qué cree el hijo del Rey que tiene derecho a poseer la piedra negra?
6. ¿Cómo reaccionan los reyes cuando descubren el verdadero valor de la piedra negra?

Avanza más

7. ¿Qué sugiere *La piedra de la felicidad* sobre la naturaleza humana y lo que más le importa a la gente?

Para leer mejor

Analiza la trama de una obra de teatro

Como indica tu diagrama, los personajes principales de *La piedra de la felicidad* enfrentan una variedad de conflictos. El conflicto es esencial para determinar la **trama** o la secuencia de los sucesos de una obra teatral. La mayoría de las obras de teatro empiezan con una descripción del ambiente, de los personajes y del conflicto central de la obra. La posesión de la piedra negra es la causa del conflicto central en *La piedra de la felicidad*.

Después, se desarrolla la acción, o sea, los sucesos de la obra que llevan al conflicto. Mientras más insisten los reyes en obtener la piedra negra, tu propio interés en el resultado va aumentando. Al final, la trama llega al clímax, el punto más interesante, antes de que se resuelvan los conflictos. Contesta las siguientes preguntas sobre *La piedra de la felicidad*.

1. Haz un resumen de lo que aprendiste sobre el ambiente, los personajes y el conflicto central.

2. ¿Cómo se van involucrando más personajes en el conflicto?
3. Identifica el clímax y lo que dice el mendigo una vez que se resuelve el conflicto.

Ideas para escribir

Los conflictos dramáticos ocurren tanto en las obras de teatro como en otras formas de literatura.

Escena dramática Escribe un diálogo para los ratones en *El congreso de los ratones*, en forma de escena dramática. El diálogo debe revelar el conflicto con el gato y las razones para ponerle el cascabel.

Carta personal Imagina que el mendigo escribe una carta al hijo del Rey en vez de hablarle en persona. Escribe la carta que él mandaría para explicar por qué la piedra negra representa la felicidad. La carta debe guardar relación con lo que él dice al final de la obra.

Ideas para proyectos

Escenario El guión de una obra teatral incluye las descripciones de la puesta en escena y de los decorados. Escoge una escena de *La piedra de la felicidad* y, usando las indicaciones del autor, diseña la puesta en escena, el vestuario y la utilería.

Invitación En el transcurso de la historia, reyes y nobles se han apoyado los unos a los otros o se han peleado entre sí. Investiga la relación entre dos o más reyes de una época determinada, incluyendo sus conflictos y sus acuerdos. Presenta lo que aprendiste ante la clase en forma de invitación a una conferencia donde los reyes hablarán de lo que más les importa.

¿Estoy progresando?

Junto a un compañero, contesta las preguntas siguientes.

¿Cómo entendí mejor La piedra de la felicidad, *después de haber identificado los conflictos? ¿Cómo puedo utilizar esta información para entender mejor la lectura de otras comedias?*

¿Qué proyecto me ayudó mejor a entender las obras? ¿Por qué?

La decisión apropiada

Los proyectos...............

Los demás pueden indicarte cuáles son las cosas más importantes para ellos, pero, a fin de cuentas, tienes que tomar tus propias decisiones. Al hacer un proyecto, encontrarás nuevas maneras de estudiar las opciones, las responsabilidades y la motivación que te ayudarán a tomar una decisión. A continuación, encontrarás unas cuantas ideas para hacer proyectos:

Caricaturas Haz un libro de caricaturas que muestre las decisiones que toma la gente y los resultados de las mismas. Por ejemplo, podrías exagerar de manera cómica las consecuencias de tirar basura en la calle o de no mirar adónde vas. O en tono más serio, podrías ilustrar cómo las decisiones de un estudiante lo llevan a encontrar una carrera. Exhibe las caricaturas del libro en el salón de clase.

Presentación "multimedia" Usa varios medios para contestar la pregunta, "¿Qué es lo que más me importa?" Por ejemplo, podrías escribir las cosas que más te importan, y después llevar a cabo una investigación y recopilar libros, canciones grabadas, fragmentos de videos, artículos de revistas y periódicos y objetos que ilustren lo que has escrito. Escribe un guión que incluya todo lo que has escogido y haz una presentación "multimedia" ante la clase.

Libro ilustrado Junto a varios compañeros, haz un libro que ilustre lo que más te importa. Incluye dibujos o recortes de revistas, palabras que te han inspirado y poemas originales o famosos. Podrías diseñar el libro para que algunas de las páginas "resalten" más que otras. Cuando hayas terminado el libro, ponlo a disposición de tus compañeros de clase para que lo lean.

¡Adelante!
Libros de interés

El mundo de Tío Conejo
Rafael Rivero Oramas

Rafael Rivero Oramas se dedica a recopilar y reescribir cuentos populares de la tradición oral venezolana y de otros países de América. Se dice que estos cuentos fueron traídos a este continente por los esclavos africanos que trabajaron en las grandes haciendas y plantaciones.

Rupito
Leonidas Proaño

Leonidas Proaño Villalba, cura párroco y Obispo de los indios, tiene un profundo afecto por los jóvenes. Escribió *Rupito* cuando ejercía su sacerdocio en Ibarra, Ecuador, y lo dedicó a los jóvenes para alentarlos con la historia de un joven que busca y encuentra su propio camino.

El jardinero astrólogo
de Adela Turin y Barbara de Brunhoff

El jardinero astrólogo le enseña a su hija que no es difícil interpretar el lenguaje de las estrellas, pero que a veces uno se equivoca. Sin embargo, el destino verdadero de uno puede ser mejor de lo que uno piensa.

Eres tú la solución

Untitled John Martin/Image Bank

¡Entérate!

La poeta Gloria Anzaldúa escribió: "Si cambio, cambio al mundo". Mira la ilustración de la izquierda y piensa en esas palabras.

Todos los días enfrentas conflictos, como participante o como testigo. Pueden ser conflictos con la naturaleza, desacuerdos entre la gente o tus propios conflictos emocionales. Puedes resolverlos utilizando el poder creativo de tu mente. Una manera de hacerlo, es preguntarte: ¿Qué conflictos enfrentamos? ¿Cómo encaramos los conflictos? ¿Cómo se resuelve un conflicto?

Actividades
En grupo Con varios compañeros, escribe una lista de los tipos de problemas que tiene la gente de tu comunidad. Piensa en problemas relacionados con la amistad, el tiempo, el trabajo, la salud y las esperanzas. ¿Cúales te parecen más difíciles de resolver? ¿Cuáles te parecen fáciles? Explica.

Actividades
Por tu cuenta Piensa en un problema que pudiste resolver este año. En tu diario, explica la causa del problema, y después describe los pasos que tomaste para resolverlo.

Menú de proyectos ....

Piensa en los siguientes proyectos y escoge uno que te interese. Hay más detalles en la página 118.

- **Plan de clase sobre la resolución de conflictos**
- **Juego de mesa**
- **Exposición sobre las olas y el viento**

Actividades

Presentación

Popocatépetl e Ixtlaccihuatl
de Juliet Piggott
El tigre de Horacio Quiroga

¿Cómo reaccionas cuando te encuentras en una situación difícil?

Aplica lo que sabes

Piensa en un ejemplo que ilustre una situación difícil. Por ejemplo, un niño y su padre van de la mano y, de pronto, el niño cruza corriendo la calle. El padre corre detrás de él y lo rescata. Es en ese momento que el padre tiene que decidir si debe regañarlo o abrazarlo. Cuando la gente resuelve este tipo de conflictos, descubre algo sobre los demás y sobre sí misma. Con un compañero(a), haz una o ambas de estas actividades:

- Usando como ejemplo libros, películas o tus propias experiencias, intercambia historias con tus compañeros de clase sobre personas o personajes que tienen que tomar decisiones importantes en sus vidas.
- Utilizando tu experiencia personal, dramatiza una escena en la que dos personas, con distintos puntos de vista, logran encontrar la manera de entenderse.

Lee Activamente

Busca las pistas que explican el tema

Encontrarás el **tema** o el mensaje principal de un cuento al analizar las consecuencias de los actos de los personajes. En la leyenda, *Popocatépetl e Ixtlaccihuatl*, los actos del Emperador terminan en sucesos desastrosos. En *El Tigre*, el narrador del cuento debe enfrentar las consecuencias de sus actos. Usa diagramas como el que ves aquí para agrupar las pistas que explican el tema de cada lectura.

Popocatépetl e Ixtlaccihuatl

Juliet Piggott

Antes de que los españoles llegaran a México y marcharan sobre Tenochtitlán, la capital azteca,[1] había dos volcanes en el sudeste de la ciudad. Los españoles destruyeron gran parte de la ciudad de Tenochtitlán,[2] construyeron otra ciudad en su lugar y la llamaron Ciudad de México. Hoy en día, la ciudad conserva el nombre que le dieron los españoles, y aún existe el desfiladero que atravesaron para llegar a la antigua Tenochtitlán, así como los dos volcanes a cada lado del desfiladero. Sus nombres no han cambiado. El volcán situado al norte se llama Ixtlaccihuatl y el volcán ubicado al sur se llama Popocatépetl. Ambos, hermosos picos nevados.

---

1. azteca: civilización indígena que vivía en México antes de la llegada de los españoles.

2. Tenochtitlán: capital del antiguo imperio azteca, ubicada en lo que es hoy la Ciudad de México.

Popocatépetl, que significa montaña humeante, es el más alto de los dos. En la época de los aztecas expelía columnas de humo y, de vez en cuando, suele hacerlo hasta el día de hoy. En esa época también entró en erupción y lo ha vuelto a hacer desde que llegaron los españoles. Ixtlaccihuatl significa la mujer blanca, por su pico que estaba y sigue estando nevado.

Tal vez Ixtlaccihuatl y Popocatépetl se encontraban en la parte más elevada del Valle de México cuando la tierra era joven y la gente recién estaba aprendiendo a sembrar y comer maíz. Los aztecas creían que los volcanes les pertenecían, porque tenían una leyenda sobre su creación, y creían que la leyenda era la verdad.

En Tenochtitlán había una vez un Emperador azteca muy poderoso. Algunos pensaban que era muy sabio, mientras otros dudaban de su sabiduría. Era gobernante y guerrero feroz, que dominaba a las tribus que vivían en el Valle de México y sus alrededores, con su gran lago llamado Texcoco sobre el cual estaba construida Tenochtitlán. Su poder era absoluto y vivía rodeado de gran esplendor.

No se sabe exactamente cuántos años el Emperador gobernó Tenochtitlán, pero sí se sabe que vivió muchos años. Sin embargo, ya era un hombre maduro cuando su esposa dio a luz al primer heredero, una niña. El Emperador y la Emperatriz querían mucho a la princesa, que era hija única. La princesa respetaba mucho a su padre y aprendió todo lo que pudo sobre el arte de gobernar, porque sabía que cuando muriera su padre ella reinaría en Tenochtitlán.

Su nombre era Ixtlaccihuatl y sus padres y amigos la llamaban Ixtla. Tenía buen carácter. Por ende, contaba con muchos amigos, y el gran palacio se llenaba de risas alegres cuando el Emperador y la Emperatriz organizaban fiestas en su honor. Además de deleitar a todos con su presencia, Ixtla era muy linda; hasta podría decirse bella.

Ixtla tuvo una niñez feliz y se convirtió en una joven encantadora. Pero a medida que crecía, se daba cuenta de todas las responsabilidades que serían suyas cuando su padre muriera y se convirtió en una joven seria y estudiosa y ya no disfrutaba tanto de las fiestas como cuando era niña.

Otro motivo de tanta seriedad era que estaba enamorada. Ello podría haber sido motivo de alegría, pero su padre le había prohibido casarse. Quería que ella gobernara sola cuando él muriera, porque desconfiaba de todos y creía que solamente su querida y única hija Ixtla sería capaz de gobernar según sus deseos. Ni siquiera confiaba en su esposa. Por esta razón, algunos dudaban de la sabiduría del rey. Al no permitir el matrimonio de su heredera demostraba su egoísmo y falta de perspicacia con respecto a su hija y su reino. Y un rey sin verdadera sabiduría, no podía ser un gran rey ni tener mucho poder.

El hombre que Ixtla amaba también estaba enamorado de ella. Si hubieran podido casarse habrían sido doblemente felices. Él se llamaba Popocatépetl e Ixtla y sus amigos lo llamaban Popo. Era un guerrero al servicio del Emperador, alto y fuerte, pero a la vez muy tierno y valiente. Él

Palabras básicas

esplendor: lujo, elegancia, pompa

e Ixtla se querían mucho, pero cuando estaban juntos su felicidad no era total, porque el Emperador seguía insistiendo en que Ixtla no se podía casar porque algún día debería asumir las responsabilidades del reino.

Esta relación, a la vez feliz y desgraciada entre Ixtla y Popo, continuó durante muchos años. La pareja seguía suplicándole al Emperador que les concediera permiso para contraer matrimonio y el Emperador seguía negándose rotundamente. El amor de Popo no disminuía con las negativas del Emperador y el amor de Ixtla no disminuía a pesar de dedicar cada vez más tiempo a sus estudios, según los deseos de su padre, con el fin de que estuviera preparada para gobernar.

Cuando el Emperador envejeció, se enfermó y puso todas sus energías en aleccionar a Ixtla, porque ya no podía gobernar por sí mismo. Fue entonces cuando sus enemigos, las tribus que vivían en las montañas y más allá, se dieron cuenta de que el Gran Emperador de Tenochtitlán ya no lo era; pues no gobernaba por sí mismo y sólo le enseñaba a su hija a gobernar.

Las tribus comenzaron a rodear Tenochtitlán hasta sitiar la ciudad. Finalmente, el Emperador se dio cuenta de que su grandeza había terminado, que su poderío ya casi no existía y que su reino corría peligro.

A pesar de haber sido un gran guerrero, estaba demasiado viejo y enfermo para dirigir a sus hombres en la batalla. Por fin se dio cuenta que si no impedía que sus enemigos entraran y destruyeran Tenochtitlán, no sólo dejaría de ser Emperador sino que su hija nunca sería Emperatriz.

En vez de designar a uno de sus guerreros para que encabezara la batalla por él, les ofreció a todos un soborno. Tal vez había perdido el juicio, si es que alguna vez lo tuvo o tal vez actuó por temor, o simplemente cambió de opinión. Lo cierto es que anunció que el guerrero que consiguiera derrotar al enemigo en el Valle de México y sus alrededores podría casarse con su hija y reinar con ella como un igual en Tenochtitlán. Asimismo, decretó que si sus enemigos eran derrotados, él dejaría inmediatamente de ser Emperador. Ixtla no tendría que esperar a que su padre muriera para ser emperatriz y, si su padre moría de viejo o por enfermedad antes que sus enemigos fueran derrotados, decretó que el hombre que consiguiera vencer a las fuerzas que rodeaban la ciudad podría casarse con la princesa, mientras viviese el Emperador o después de su muerte. Ixtla sintió temor al enterarse de la oferta de soborno a los guerreros, porque la única persona con la que ella quería casarse era Popo. Únicamente y solamente con Popo. Los guerreros en cambio estaban encantados con el decreto: todos querían casarse con la princesa y por supuesto todos querían ser emperadores.

Así es que los guerreros fueron a pelear obedeciendo las órdenes del Emperador, y cada uno peleó con gran bravura porque lo hacían no sólo para defender a Tenochtitlán y

Palabras básicas

rotundamente: totalmente, terminantemente
sitiar: cerrar todas las salidas, cercar, rodear
soborno: dádiva que corrompe

The Volcanos, 1905 José María Velasco, Courtesy of CDS Gallery, New York

Los guerreros proclamaron a Popo responsable por la victoria y, cansados, emprendieron la marcha hacia Tenochtitlán para informar al Emperador de la victoria. Popo finalmente había ganado la mano de la princesa.

Pero algunos de los soldados sentían envidia de Popo y puesto que sabían que ninguno de ellos tenía derecho a declararse héroe de la contienda (la elección de Popo entre los soldados del Emperador había sido unánime), querían estropear, para Popo y para Ixtla, el disfrute de los honores prometidos por el Emperador.

Durante la noche, este grupo de hombres se separó del resto y marchó hacia Tenochtitlán antes que los demás. Llegaron a la capital dos días después, sin haber dormido y en seguida anunciaron que los guerreros del Emperador habían derrotado al enemigo y que Popo había muerto en la batalla.

Fue una mentira cruel y tonta, y solamente la dijeron porque sentían envidia de Popo.

Cuando el Emperador escuchó la noticia exigió que trajeran el cuerpo de Popo para organizar un entierro con todos los honores para el valiente guerrero. Sabía que el hombre que su hija amaba debía haber muerto luchando con honor. Los guerreros envidiosos se miraron entre sí pero no dijeron nada.

el valle circundante, sino también por la mano de la encantadora princesa y por ganar el reino.

Aunque los guerreros lucharon con gran destreza, y cada uno demostró un valor y coraje sorprendentes, la guerra se alargaba. Cuando los guerreros marchaban a la guerra, los enemigos del Emperador habían afianzado sus posiciones alrededor del lago Texcoco y de Tenochtitlán, y después dc muchas batallas el resultado de la contienda era incierto.

Las armas de los guerreros consistían en garrotes de madera con filosas hojas de obsidiana, machetes de obsidiana, jabalinas que lanzaban contra sus enemigos desde tablas lanzadoras, arcos y flechas, hondas, lanzas y picas engarzadas con fragmentos de obsidiana. Muchos llevaban escudos de mimbre cubiertos con pieles de animales y la mayoría usaba armaduras de algodón grueso empapado en salmuera.

La guerra fue larga y cruenta. La mayoría de los guerreros libró batalla juntos y al unísono pero otros lo hacían individualmente. A medida que pasaba el tiempo iban surgiendo líderes, y entre ellos, Popo se destacaba. Finalmente fue él, con garrote y escudo en mano, quien provocó la huida del enemigo, que buscó refugio en las planicies de la costa y en la selva más allá de las montañas.

Luego, uno de los hombres le dijo al Emperador que Popo había muerto a orillas del lago Texcoco y que nadie había podido rescatar el cadáver, pues había caído al fondo del lago. El Emperador quedó muy triste al escuchar esa noticia.

Después preguntó cuál de sus guerreros había conseguido la victoria, pero ninguno de los guerreros presentes se animó a reclamar la victoria para sí, porque sabía que los demás lo refutarían. Por lo tanto, guardaron silencio. Esto extrañó al Emperador que decidió esperar a que llegaran todos los guerreros y no seguir presionando a este pequeño grupo que había traído la noticia de la victoria y de la muerte de Popo.

Entonces, el Emperador llamó a su esposa y a su hija y les dijo que el enemigo había sido derrotado. La Emperatriz se puso muy contenta al escuchar la noticia, pero Ixtla se quedó muy preocupada. El Emperador, al observar la ansiedad en su rostro, le dijo inmediatamente que Popo había muerto y siguió contando cómo el cuerpo del guerrero había caído a las aguas del lago Texcoco. Parecía como si el juicio lo hubiera abandonado nuevamente, pues siguió hablando para decirle que no sabía aún quién sería su marido y Emperador, al regreso a Tenochtitlán de los demás guerreros.

Pero Ixtla no escuchó nada de lo que le dijo, solamente que su amado Popo había muerto. Se fue a su habitación y se acostó. Su madre la siguió y en seguida se dio cuenta que estaba muy enferma. Se convocó a varios curanderos,[3] pero ni ellos ni sus padres pudieron ayudar a la princesa. Su enfermedad no tenía nombre, pero se podía decir que se estaba muriendo de amor. La princesa Ixtlaccihuatl no quería vivir sin Popocatépetl, y murió.

El día siguiente a la muerte de la princesa, Popo entró en la ciudad de Tenochtitlán con los demás guerreros. Se dirigieron directamente al palacio y en medio del júbilo de la población anunciaron al

---

3. **curanderos:** personas dedicadas a curar las enfermedades empleando la magia y remedios naturales.

Map of Tenochtitlán, 1524 Hernando Cortés, The Newberry Library, Chicago

Emperador que el enemigo había sido derrotado y que, sin lugar a dudas, Popo era el que había obtenido la victoria.

El Emperador felicitó y alabó a sus guerreros y nombró Emperador a Popo. Cuando el joven guerrero pidió primero ver a Ixtla, rogando que se pudieran casar de inmediato antes de ser proclamados Emperador y Emperatriz, el Emperador tuvo que contarle a Popo sobre la muerte de Ixtla y cómo había ocurrido.

Popo no dijo una sola palabra.

Con un gesto pidió a los guerreros que lo siguieran y juntos buscaron a los hombres envidiosos que habían dado la falsa noticia sobre su muerte al Emperador. Ante el ejército que mudo lo contempló, Popo mató a cada uno de ellos con un solo golpe de su garrote con punta de obsidiana. Nadie intentó detenerlo.

Una vez terminada la tarea, Popo regresó al palacio y sin decir palabra y vistiendo aún su armadura de algodón endurecido, se dirigió a la habitación de Ixtla. Levantó cuidadosamente su cuerpo y lo llevó fuera del palacio y fuera de la ciudad; tampoco nadie trató de detenerlo. Todos los guerreros lo siguieron en silencio.

Habiendo caminado unas cuantas millas, volvió a hacerles un gesto y entonces comenzaron a construir una pirámide con grandes montones de piedras. Todos trabajaron juntos y rápido mientras Popo observaba, sosteniendo a la princesa en sus brazos. A la caída del sol, el gran edificio estaba terminado. Popo subió solo llevando el cuerpo de Ixtla. Allí, en la cúspide bajo las piedras, enterró a la mujer que había amado durante tanto tiempo, y que había muerto por su amor.

Esa noche Popo durmió solo en la cima de la pirámide junto a la tumba de Ixtla. Por la mañana bajó y habló por primera vez desde que el Emperador le había informado sobre la muerte de la princesa. Le pidió a los guerreros que construyeran otra pirámide más alta, al sudeste de donde yacía el cuerpo de Ixtla.

Les pidió que comunicaran al Emperador

en su nombre que él, Popocatépetl, nunca gobernaría Tenochtitlán. El cuidaría la tumba de la princesa Ixtlaccihuatl por el resto de su vida.

El mensaje al Emperador fueron las últimas palabras que pronunció Popo. Antes de que llegara la noche, se terminó de construir la segunda pirámide de piedra y Popo subió a la cima, llevando consigo un atado de madera de pino.

Cuando llegó a la cima encendió la antorcha y los guerreros desde abajo vieron cómo subía una columna de humo blanco hacia el cielo azul, y vieron cómo el humo se teñía de color rosado y luego de rojo oscuro, como el color de la sangre.

Allí se quedó Popocatépetl sosteniendo la antorcha a la memoria de Ixtlaccihuatl por el resto de sus días.

Llegaron las nieves, y a medida que pasaron los años, las pirámides de piedra se convirtieron en montañas de cumbres nevadas. Hasta el día de hoy el volcán llamado Popocatépetl lanza columnas de humo en honor a la memoria de la princesa cuyo cuerpo yace en la montaña que lleva su nombre.

Responde

¿Qué consejo le darías al Emperador con respecto al deseo de su hija de casarse con Popocatépetl? Explica.

Popocatépetl e Ixtlaccihuatl es un mito de la creación, o sea, una narración del origen de algo, en este caso de como surgieron los volcanes Popocatépetl e Ixtlaccihuatl. Los mitos eran una manera de explicar los fenómenos naturales. Este mito azteca se pasó de generación en generación por tradición oral. Luego se escribió y esta versión es un recuento hecho por **Juliet Piggott**.

EL TIGRE

Horacio Quiroga

Nunca vimos en los animales de casa orgullo mayor que el que sintió nuestra gata cuando le dimos a amamantar una tigrecita recién nacida.

La olfateó largos minutos por todas partes, hasta volverla de vientre; y, por más largo rato aún, la lamió, la alisó y la peinó sin parar mientes en el ronquido de la fierecilla, que, comparado con la queja maullante de los otros gatitos, semejaba un trueno.

Desde ese instante y durante los nueve días en que la gata amamantó a la fiera, no tuvo ojos más que para aquella espléndida y robusta hija llovida del cielo.

Todo el campo mamario pertenecía de hecho y derecho a la roncante princesa. A

Palabras básicas

amamantar: dar de mamar
parar mientes: pensar

---

uno y otro lado de sus tensas patas, opuestas como vallas infranqueables,[1] los gatitos legítimos aullaban de hambre.

La tigre abrió, por fin, los ojos y, desde ese momento, entró a nuestro cuidado. Pero, ¡qué cuidado! Mamaderas entibiadas, dosificadas y vigiladas con atención extrema; imposibilidad para incorporarnos libremente, pues la tigrecilla estaba siempre entre nuestros pies. Noches en vela, más tarde, para atender los dolores de vientre de nuestra pupila, que se revolcaba con atroces calambres y sacudía las patas con una violencia que parecía iba a romperlas. Y, al final, sus largos quejidos de extenuación, absolutamente humanos. Y los paños calientes; y aquellos minutos de mirada atónita y velada por el aplastamiento, durante los cuales no nos reconocía.

No es de extrañar, así, que la salvaje criatura sintiera por nosotros toda la predilección que un animal siente por lo único que desde nacer se vio a su lado.

Nos seguía por los caminos, entre los perros y un coatí,[2] ocupando siempre el centro de la calle.

Caminaba con la cabeza baja, sin parecer ver a nadie, y menos todavía a los peones, estupefactos ante su presencia bien insólita[3] en una carretera pública.

Y, mientras los perros y el coatí se

---

1. **infranqueables:** insuperables; imposibles de pasar
2. **coatí:** animal de color pardo rojizo, de cola larga
3. **insólita:** desacostumbrada, no común ni ordinaria

Palabras básicas

vallas: cercos que se levantan para defender o delimitar los sitios e impedir la entrada en ellos
dosificadas: medidas
extenuación: debilitamiento o cansancio extremo
predilección: preferencia por algo

revolvían por las profundas cunetas[4] del camino, ella, la real fiera de dos meses, seguía gravemente a tres metros detrás de nosotros, con su gran lazo celeste al cuello y sus ojos del mismo color.

Con los animales de presa se suscita, tarde o temprano, el problema de la alimentación con carne viva. Nuestro problema, retardado por una constante vigilancia, estalló un día, llevándose la vida de nuestra predilecta con él.

La joven tigre no comía sino carne cocida. Jamás había probado otra cosa. Aun más; desdeñaba la carne cruda, según lo verificamos una y otra vez. Nunca le notamos interés alguno por las ratas de campo que de noche cruzaban el patio y, menos aún, por las gallinas, rodeadas entonces de pollos.

Una gallina nuestra, gran preferida de la casa, criada al lado de las tazas de café con leche, sacó en esos días pollitos. Como madre, era aquella gallina única; no perdía jamás un pollo. La casa pues, estaba de parabienes.

Un mediodía de ésos oímos en el patio los estertores[5] de agonía de nuestra gallina, exactamente como si la estrangularan. Salté afuera y vi a nuestra tigre, erizada[6] y espumando sangre por la boca, prendida con garras y dientes del cuello de la gallina.

Más nervioso de lo que yo hubiera querido estar, tomé a la fierecilla por el cuello y la arrojé rodando por el piso de arena del patio y sin intención de hacerle daño.

Pero no tuve suerte. En un costado del mismo patio, entre dos palmeras, había ese día una piedra. Jamás había estado allí. Era en casa un rígido dogma el que no hubiera nunca piedras en el patio. Girando sobre sí misma, nuestra tigre alcanzó hasta la piedra y golpeó contra ella la cabeza. La fatalidad procede a veces así.

Dos horas después nuestra pupila moría. No fue esa tarde un día feliz para nosotros.

Cuatro años más tarde, hallé entre los bambúes de casa, pero no en el suelo, sino a varios metros de altura, mi cuchillo de monte con que mis chicos habían cavado la fosa para la tigrecita y que ellos habían olvidado de recoger después del entierro.

Había quedado, sin duda, sujeto entre los gajos nacientes de algún pequeño bambú. Y, con su crecimiento de cuatro años, la caña había arrastrado mi cuchillo hasta allá.

---

4. **cunetas:** zanjas construidas a ambos lados de un camino
5. **estertores:** respiración con ronquidos sibilantes, propios de la agonía y el coma
6. **erizada:** levantada, rígida y tiesa

Palabras básicas

gajos: ramos de árboles o plantas

Responde

¿Cómo reaccionarías si tu gato o tu perro atacara a otro animal querido? ¿Qué dirías? ¿Qué harías?

Horacio Quiroga nació en Uruguay el último día del año 1878. La naturaleza es uno de sus principales temas, y muchos de sus cuentos se desarrollan en la selva. A veces sus protagonistas son animales; y cuando son hombres, riñen con las fuerzas de la naturaleza. *El tigre* es uno de los cuentos que publicó en su colección *Los cuentos de mis hijos.*

Actividades
Descubre el sentido

Analiza la lectura

Recuerda

1. En *Popocatépetl e Ixtlaccihuatl*, ¿por qué muere la princesa Ixtaccihuatl?
2. En *El Tigre*, ¿cómo muere la tigrecita?

Interpreta

3. En *Popocatépetl...*, ¿cómo una tragedia puede convertirse en algo positivo?
4. ¿Quién es responsable de la muerte de Ixtlaccihuatl? Explica.
5. ¿Qué significa la aparición del cuchillo, a varios metros de distancia del suelo, en el final de *El tigre*?
6. ¿Por qué la tigrecita mata a la gallina cuando antes ni siquiera quería tocar la carne cruda?

Avanza más

7. ¿Qué aprendimos con Popocatépetl e Ixtlaccihuatl, sobre el arte de gobernar un país?
8. Si el narrador hubiese investigado la naturaleza del tigre en cautiverio, antes de adoptar a la cachorrita, quizás el cuento hubiese sido diferente. Explica por qué.

Para leer mejor

Cómo comprender el tema

Al advertir las consecuencias de los actos de los personajes descubres el **tema** de cada lectura. Comúnmente, el **tema** se puede expresar como una generalización sobre la gente o la vida.

Si reflexionas sobre los pensamientos y las acciones del narrador de *El tigre* seguramente encontrarás pistas para explicar el **tema**, o mensaje central, de ese cuento. A veces, el **tema** se insinúa solamente, y tú lo tienes que descubrir. En otras, uno de los personajes identifica directamente el **tema**, muchas veces hacia el final del cuento o del poema.

1. ¿Cuál es el tema de *Popocatépetl e Ixtlaccihuatl*? Explica.
2. ¿Cuál es el tema en *El tigre*?

Ideas para escribir

A veces, una narración nos hace pensar qué hubiese ocurrido si alguno de los personajes hubiese actuado de forma diferente.

Carta Escríbele una carta al Emperador de *Popocatépetl e Ixtlaccihuatl*, como si fueras la Emperatriz, en donde le explicas por qué sus decisiones no son sensatas.

Historia alternativa ¿Qué hubiera pasado si el narrador de *El tigre* hubiera actuado de otra forma después de ver a la tigrecita comiendo la gallina predilecta de la familia? Con los datos del cuento, escribe un final diferente para *El tigre*.

Ideas para proyectos

En el mito *Popocatépetl e Ixtlaccihuatl,* el emperador quiere que Ixtla gobierne. Lleva a cabo una investigación sobre una gobernante de cualquier cultura entre los siglos VI y XVIII. Preséntale el resultado a la clase.

Investiga El narrador de *El tigre* toma una decisión fuera de lo común cuando decide criar una tigre recién nacida. Usa enciclopedias y otras referencias para investigar la posibilidad de criar animales salvajes en la casa. Escribe un informe que mencione las ventajas y las desventajas de tomar una decisión así, y acompáñalo con dibujos. Preséntalo a la clase.

¿Estoy progresando? Contesta estas preguntas en tu diario.

¿Qué aprendí en estas lecturas sobre la manera en que la gente toma decisiones?

¿Cuál es la ventaja de recopilar datos sobre distintas opciones al leer ensayos históricos?

Las rayadas de Nellie Campobello
No sé por qué piensas tú...
de Nicolás Guillén

¿Cómo reaccionas cuando alguien no te ve como realmente eres?

Aplica lo que sabes

Piensa en tu reacción si alguien no te ve tal cual eres, si se te percibe como alguien capaz de hacer algo que no sabes hacer, como cocinar y decorar una torta de cumpleaños o jugar muy bien al béisbol. A lo mejor alguien no te dirige la palabra porque cree que eres diferente cuando en realidad tiene mucho en común contigo ¿Qué dirías en esta situación? ¿Qué harías? ¿Podrías improvisar algo para mitigar la situación? Para ayudarte a pensar en este dilema, haz una o dos de las actividades siguientes:

- Con un grupo, haz una lista de cosas que alguien te pidió que hicieras, pero que realmente no sabías hacer. Di cómo solucionaste la situación.

- Recuerda una ocasión en la que pudiste convencer a otra persona que tú y ella tenían muchas cosas en común, a pesar de las diferencias externas que afectaban la opinión que se tenía de ti.

Lee activamente
Identifica problemas y soluciones

Las obras literarias frecuentemente muestran cómo un personaje enfrenta **problemas** y cómo los resuelve, aunque a veces los problemas quedan sin resolver. Comprenderás mejor un cuento si identificas los **problemas** que los personajes enfrentan y las **soluciones** que les dan. Mientras lees *Las rayadas*, haz una línea cronológica como la siguiente para demostrar el **problema** que enfrenta Severo y los pasos que él toma para resolverlo. ¿Por qué es imposible hacer una línea cronológica para *No sé por qué piensas tú...*?

Primer
acontecimiento

Acontecimiento
final

Las RAYADAS

Nellie Campobello

Allá en la calle Segunda, Severo me relata entre risas su tragedia:

—Pues verás cómo por causa del general Villa[1] me convertí en panadero. Estábamos otros muchachos y yo platicando en la puerta de la casa de uno de ellos. Hacía unos momentos que habían cesado los disparos. Los villistas[2] estaban dentro de la plaza. De repente vimos que se paró un hombre a caballo frente a la puerta; luego nos saludó, diciendo:

—¿Quiúbole,[3] muchachos; aquí es la panadería?

Nosotros le contestamos el saludo y le conocimos la voz; al abrir la hoja de la puerta, le dio un rayo de luz sobre la cara y vimos que efectivamente era el general Villa. Estaba enteramente solo en toda la calle. Nosotros que sabíamos que no era ya panadería, no le pudimos decir que no lo era, porque no pudimos; todo en aquellos momentos era sospechoso. Lo único que había de panadería era el rótulo. Los otros muchachos eran músicos

---

1. (Pancho) Villa: héroe revolucionario mexicano

2. villistas: la gente que apoyaba al general Villa

3. quiúbole: expresión mexicana, equivalente a "¿qué pasa?"

como yo y sastres. Muy contentos le contestamos que sí, que en qué podíamos servirle.

—¿Qué necesitan para hacerme un poco de pan para mis muchachos? —nos preguntó.

—Harina y dulce, general —contestó uno de nosotros.

—Bueno, pues voy a mandársela —dijo, desapareciendo al galope.

Nosotros nos quedamos muy apurados; no podíamos estarnos quietos, con la preocupación, y caminábamos de un lado a otro.

—Ahora, ¿qué hacemos? —nos decíamos—. ¿Cómo salimos de ésta?

Por fin a alguien se le ocurrió una idea brillante:

—Vamos a llamar a Chema: siquiera él sabe hacer rayadas y entre todos haremos aunque sea rayadas[4] para el general —dijo Pablo muerto de risa y de miedo.

Trajeron la harina y el dulce. Chema llegó corriendo. Nos remangamos y ahí estamos haciéndola de panaderos.

Salieron las primeras rayadas; las habíamos hecho de a medio kilo. Las empacamos en costales[5] y les dije:

—Bueno; váyanse al cuartel y llévenselas al general para ver si le gustan como están saliendo.

Dicen que cuando el general vio los costales, se puso contento y agarró una rayada, la olió y riéndose se la metió en el hueco de la mitaza[6] y dijo:

—¡Qué buenas rayadas! Síganlas haciendo así.

Nunca supo el general que nosotros no éramos panaderos; todos nos sentimos contentos de haberle sido útiles en algo.

_____
4. **rayadas:** pan mexicano decorado con rayas
5. **costales:** sacos grandes
6. **hueco de la mitaza:** la boca

Palabras básicas

remangamos: variante de arre-mangamos, subirnos las mangas

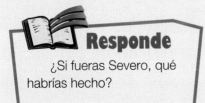

Responde

¿Si fueras Severo, qué habrías hecho?

Nellie Campobello nació en 1909 en un pequeño pueblo de México. De chica, su gran pasión eran los caballos. Aunque escribió dos no-velas, varios poemas y un libro históri-co sobre Pancho Villa, dedicó su vida principalmente al baile. Fundó el Ballet de la Ciudad de México, y también la Compañía de Ballet Folklórico.

No sé por qué

Ya has leído algunos poemas de **Nicolás Guillén**. Podría interesarte saber que Guillén fue un poeta cubano mulato que dio voz a las preocupaciones, los ritmos y los sentimientos de los negros cubanos, a quienes él consideraba como sus propios hermanos. Su poesía refleja también las dificultades de la vida y los conflictos entre los hombres.

No sé por qué piensas tú,
soldado, que te odio yo,
si somos la misma cosa,
yo,
5   tú.

Tú eres pobre, lo soy yo;
soy de abajo, lo eres tú;
¿de dónde has sacado tú,
soldado, que te odio yo?

10   Me duele que a veces tú
te olvides de quién soy yo;
caramba, si yo soy tú,
lo mismo que tú eres yo.

Pero no por eso yo
15   he de malquererte, tú;
si somos la misma cosa,
yo,
tú,

piensas tú...

Nicolás Guillén

no sé por qué piensas tú,
20   soldado, que te odio yo.

Ya nos veremos yo y tú,
juntos en la misma calle,
hombro con hombro, tú y yo,
sin odios ni yo ni tú,
25   pero sabiendo tú y yo,
a dónde vamos yo y tú...
¡No sé por qué piensas tú,
soldado, que te odio yo!

No sé por qué piensas tú...

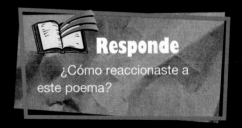

Responde

¿Cómo reaccionaste a
este poema?

Palabras básicas

malquererte: no quererte, odiarte

Descubre el sentido

Analiza la lectura

Recuerda

1. En *Las rayadas*, ¿por qué Severo y sus amigos no niegan ser panaderos?
2. En *No sé por qué piensas tú…*, ¿qué pensamientos atribuye el narrador al soldado?

Interpreta

3. ¿Qué podría haber pasado en *Las rayadas* si Severo y sus amigos no hubieran hecho el pan?
4. En *Las rayadas*, ¿cómo crees que la experiencia de Severo y sus amigos los ayuda a madurar?

Avanza más

5. ¿Qué aprendiste sobre cómo se manejan los conflictos al observar el compartamiento de los personajes de *Las rayadas*?
6. ¿Cómo podrías aplicar a un conflicto en tu vida, los sentimientos expresados en *No sé por qué piensas tú…*?

Para leer mejor

Cómo examinar los conflictos internos y los externos

Luego de identificar los problemas y sus posibles soluciones en un cuento, se puede profundizar más aún. Con frecuencia el problema en un cuento es un **conflicto**: una pugna entre fuerzas opuestas. Hay dos clases principales de **conflictos** en un cuento: el **conflicto externo** y el **interno**. El **conflicto externo** sucede cuando un personaje lucha contra una fuerza externa como la naturaleza u otro personaje. El **conflicto interno** ocurre dentro del personaje mismo.

1. ¿Cuál es el conflicto externo de Severo? ¿Cuál es el interno?
2. ¿Cómo definirías el conflicto expresado en *No sé por qué piensas tú…*? Explica.

Ideas para escribir

Escribir sobre problemas en una manera de encontrar soluciones.

Improvisación Imagina que tienes un problema y debes improvisar una solución rápidamente. Primero describe el problema, y luego improvisa una solución. Ilustra tu historia con recortes de revistas o con dibujos propios.

Poema Usando *No sé por qué piensas tú…* como modelo, escribe un poema mediante el cual tratas de persuadir a alguien de que en realidad no existen problemas entre ustedes dos, y que además son muy parecidos entre sí. Incluye detalles que muestren lo que tienen en común.

Ideas para proyectos

Maqueta Con tus compañeros, haz una maqueta de la panadería de un pueblo pequeño como la de *Las rayadas*. Usa barro, papel *maché* y otros materiales para mostrar la parte interior de la panadería: los hornos, las mesas y otros utensilios que podrían haber usado los panaderos en el pasado .

Trabajo comunitario Piensa en distintos grupos de tu comunidad que podrían beneficiarse si supieran que tienen muchas necesidades e ideas en común y que juntos pueden resolver sus problemas. Escribe una propuesta indicando cómo podrían reunirse y aprender los unos de los otros y así evitar problemas futuros.

¿Estoy progresando? Contesta estas preguntas con un compañero.

¿Entendí mejor las lecturas al identificar los problemas y las soluciones?

¿Qué aprendí sobre las diferentes maneras de enfrentar problemas y conflictos al leer estos textos?

**Traduciendo la casa de mi abuelo
de E. J. Vega
El premio de Marta Salinas**

¿Cuáles son los recuerdos que más atesoras?

Aplica lo que sabes

La memoria te permite revivir los acontecimientos del pasado mucho tiempo después de que hayan ocurrido. En el futuro, las fotos, las canciones, y hasta el olor de ciertas comidas te transportarán al pasado. Leer de nuevo cartas viejas también ayuda a revivir momentos pasados. Explora diferentes maneras de conservar los recuerdos haciendo una o ambas de las actividades siguientes:

• En grupo, hablen de las mejores tácticas para conservar y proteger los recuerdos.

• En tu diario, escribe sobre un recuerdo que sea muy importante para ti. Si quieres, comparte lo que has escrito con un compañero de clase.

Lee Activamente

Visualiza las imágenes

Aunque no tengas una foto que te ayude a recordar algo, tu mente es como un álbum donde conservas los recuerdos. También, puedes conservar en el álbum de tu mente **imágenes** creadas con palabras tomadas de la literatura. Para hacer esto, debes visualizar las **imágenes** que los autores crean. De esta forma, la literatura que te gusta puede ser parte de ti, como lo son tus propios recuerdos.

Mientras lees *Traduciendo la casa de mi abuelo* y *El premio*, puedes visualizar mejor las **imágenes** al completar un diagrama como el siguiente:

Título	Imágenes
Traduciendo la casa de mi abuelo	
El premio	

Traduciendo

la casa de mi abuelo

E. J. Vega

traducción de Johanna Vega

En mi dibujo,
Árboles de limón y mango
Enmarcan el patio
De la casa de madera y piedra
5   De mi abuelo;
La sombra de un palomino[1]
Galopa sobre el labio
Del horizonte.

La Maestra dice que
10 La casa es de
Alguna película del
Zorro que he visto.

"Pregúntele a mi mamá," protesto.
"Ella nació ahí—
15 Ahí mismo en el segundo piso!"

Con los brazos cruzados, ella sigue.
Recuerdos que fueron una vez tan seguros como remaches[2]
Se confunden con despertares
En sitios extraños y cuestiono
20 La casa, el caballo, los reyezuelos[3]
Posados encima del techo de pizarra—
El techo del cual Oscar Jartín
Se cayó un martes caluroso
mientras trataba de instalar una veleta nueva;

25 (Se quebró la espinilla y dos dedos).
Mis compañeros de clase terminan sus dibujos de Nueva York,
Viviendas populares en la calle Navy.
Yo también dibujo uno, con hierbas silvestres
Que crecen en las veredas rotas como viudas.
30 Con letras grandes y redondas lo titulo:

LA CASA DE MI ABUELO

Radiante, la maestra garabatea
Una A + en el margen y lo pega
En la pizarra verde.
35 En la pizarra verde.

---

1. palomino: variedad de caballo
2. remaches: roblones, se utilizan para clavar algo fuertemente
3. reyezuelos: aves de plumajes vistosos por la variedad de sus colores

De ascendencia cubana **E. J. Vega** estuvo tres años en la Academia de la Marina Mercante, donde trabajó como estibador en buques remolcadores. Vega obtuvo una Maestría en Escritura Creativa. Al tomar un trabajo con la Escuela de Marina de la Universidad del Estado de Nueva York, pudo combinar sus intereses en la escritura y el mar.

 **Responde**

¿Cómo te sentirías si recibieras una A+ por un dibujo? ¿Por qué?

Palabras básicas

pizarra: material para construir techos; también tablón fijo en la pared de un salón de clase donde se escribe con tiza
veleta: pieza giratoria que colocada en el techo de la casa sirve para indicar la dirección del viento

El premio

Marta Salinas

traducción de Lisa M. Bommarito

La escuela a la cual asistí en Texas tenía una tradición: cada año para la graduación de octavo grado se le premiaba al estudiante que había recibido las calificaciones más altas durante los ocho años con una bella chaqueta color verde y dorado, los colores de la escuela. La letra S en dorado aparecía al frente en el lado izquierdo y el nombre del ganador, también en letras doradas, estaba bordado en el bolsillo. Hacía algunos años, mi hermana mayor Rosie, había ganado la chaqueta y yo también esperaba ganarla ese año. Desde primer grado había sacado las notas más altas de mi clase, y este último año soñaba con recibir la chaqueta. Mi padre era un trabajador del campo que no ganaba lo suficiente para darles de comer a sus ocho hijos, así que, a los seis años, me enviaron a casa de mis abuelos para que ellos me criaran. No podíamos participar en los deportes escolares porque había que pagar cuotas, uniformes y viajes fuera del pueblo; así que a pesar de que éramos bastante ágiles y atléticas ni en sueños habría una chaqueta de deportes escolares para nosotras. Ésta, la chaqueta como premio al logro académico, era nuestra única oportunidad.

En mayo, próximo a la graduación, nos dio la fiebre primaveral y ya nadie prestaba atención en clase; mirábamos por las ventanas, y los unos a los otros, deseando que las últimas semanas de clases pasaran pronto. Yo me desesperaba cada vez que me miraba en el espejo. Era flaquísima, carente de curvas; me llamaban "palillo" y "flaca", y yo reconocía que así me veía. Tenía el pecho plano y no tenía caderas, pero sí un cerebro, eso tenía y no más. No es mucho para una chica de catorce años, pensaba mientras iba distraídamente de mi clase de historia al gimnasio. Se acercaba otra hora más de sudar en la clase de baloncesto y de mostrar mis piernas de palillos. Recordé entonces que mis pantalones cortos se habían quedado olvidados en una bolsa debajo de mi pupitre. Tuve que regresar hasta el salón de clase para recogerlos. La entrenadora Thompson se ponía como una fiera si alguien no se vestía para la clase de educación física. Dijo que yo era una buena delantera, y hasta trató de convencer a mi abuela para que me dejara jugar en el equipo. Abuela, por supuesto, no me dejó.

Casi había llegado a la puerta del salón, cuando oí una discusión acalorada en voz alta. Me detuve. No quería escuchar, titubeé; y no sabía qué hacer. Necesitaba los pantalones cortos y me estaba atrasando, pero no quería interrumpir una discusión entre mis maestros. Reconocí las voces; la del señor Schmidt, mi maestro de historia, y la del señor Boone, mi maestro de matemáticas. Parecían discutir acerca de mí. No lo podía creer. Todavía recuerdo la impresión que me causó. Me apreté contra la pared, como si tratara de confundirme con el grafiti escrito allí.

—"Rehuso hacerlo. No me importa quién sea su padre. Sus notas ni se acercan a las de Marta. No voy a mentir ni falsificar ningún documento. Marta tiene un promedio de "A más" y tú lo sabes".

Era la voz del señor Schmidt que sonaba muy enojada. La voz del señor Boone se sentía calmada y tranquila.

— Mira, el papá de Joann, no sólo es miembro de la junta directiva sino que también es el dueño de la única tienda en el pueblo. Podemos decir que hubo un empate y...

Mis oídos retumbaban ahogando el resto de las palabras; aquí y allá se filtraba

Palabras básicas

titubeé: dudé, no sabía que hacer o decir

una palabra con todo el ruido; —…"Marta es mexicana… renuncia… no lo voy a hacer". El señor Schmidt salió con mucha prisa y, por suerte, se fue en dirección contraria hacia el auditorio y no me vio. Esperé, temblando, unos minutos; luego entré, agarré mi bolsa y salí huyendo del salón. El señor Boone levantó la cabeza cuando entré, pero no dijo nada. Hasta hoy día no recuerdo si tuve problemas en mi clase de educación física por llegar tarde, ni cómo pasé el resto de la tarde. Fui a casa muy triste y lloré en mi almohada esa noche para que mi abuelita no escuchara. Parecía una coincidencia cruel que yo escuchara esa conversación.

El director me llamó a su oficina al día siguiente y yo ya sabía por qué. Se veía incómodo y triste. Yo decidí que no le iba a facilitar el asunto y lo miré directamente a los ojos. El me retiró la mirada jugando nerviosamente con los papeles encima del escritorio.

—Marta—dijo—, este año ha habido un cambio de la regla con respecto al premio. Ya sabes bien, siempre ha sido gratis—se aclaró la garganta y siguió: —Este año la junta directiva ha decidido cobrar quince dólares que, desde luego, no cubrirá el costo total de la chaqueta.

Lo miraba incrédula y de mi garganta salió un suspiro de desencanto. No esperaba que me dijera eso. El todavía evitaba mirarme directamente.

—Así que, si no puedes pagar los quince dólares por la chaqueta se la daremos al siguiente estudiante.

—Parada ahí, con toda la dignidad que pude mostrar, dije:

—Hablaré con mi abuelo y mañana le contestaré.

Lloré en todo el camino a casa desde la parada del autobús. El camino vecinal se extendía por un cuarto de milla desde la carretera, de manera que cuando llegué a casa mis ojos estaban rojos e hinchados.

—¿Dónde está abuelo?— le pregunté a abuelita mirando al suelo para que no me preguntara por qué había estado llorando. Ella estaba cosiendo una colcha y no levantó la vista.

—Creo que está trabajando en el huerto de frijoles. Salí y miré por el campo. Ahí estaba. Lo podía ver paseando entre los surcos, su cuerpo doblado entre las plantitas, con el azadón en la mano. Lentamente me acerqué, tratando de pensar en la mejor manera de pedirle el dinero. Una brisa fresca

Palabras básicas

colcha: cobertura de cama
azadón: azada de pala algo curva y más larga que ancha

soplaba y el aire tenía olor a mezquite, pero yo no lo podía apreciar. Pateé una bolita de tierra. ¡Deseaba tanto esa chaqueta! Significaba mucho más que ser "la mejor estudiante" y dar un discurso de agradecimiento la noche de la graduación. Representaba ocho años de arduo trabajo y expectativas. Yo sabía que tenía que ser franca con abuelo. Era mi única oportunidad. Él me vio y levantó la vista. Esperó a que yo hablara. Tosí nerviosamente y escondí las manos para que no viera cómo temblaban.

—Abuelo, tengo que pedirte un gran favor—le dije en español, el único idioma que él conocía. Él aún esperaba silenciosamente. Intenté de nuevo.

—Abuelo, este año, según el director, el premio no va a ser gratis. Va a costar quince dólares y tengo que llevar el dinero mañana o se lo darán a otro estudiante. Las últimas palabras salieron de mi boca con gran rapidez. Mi abuelo se enderezó cansado y recostó su barbilla en el mango del azadón. Miró hacia el huerto que estaba lleno de pequeñas plantas verdes de frijoles. Yo esperaba, ansiosamente, que dijera que me daría el dinero.

Se volteó hacia mí y me preguntó tranquilamente:

—¿Qué significa un premio?

Le contesté rápidamente; tal vez había una oportunidad.

—Significa que te lo has ganado por tener las notas más altas durante ocho años y por eso es que te lo dan.

Me di cuenta tarde del significado de mis palabras. Abuelo se dio cuenta que yo comprendí que no era cuestión de dinero. No era eso. Continuó escarbando las malezas que crecían entre las delicadas plantitas de frijoles. Era un trabajo que tomaba mucho tiempo. A veces, los pequeños tallos crecían tan juntos. Finalmente, volvió a hablar.

—Entonces, Marta, si pagas por la chaqueta, no es un premio, ¿verdad? Dile a tu director que no pagaré los quince dólares.

Regresé a la casa y me encerré en el baño por un buen rato. Estaba enojada con abuelo, aunque sabía que él tenía razón, y estaba furiosa con la junta directiva, fuesen quienes fuesen. ¿Por qué tenían que cambiar las reglas justo cuando a mí me tocaba ganar la chaqueta?

La muchacha que se presentó en la oficina del director al día siguiente estaba muy triste y desanimada. Esta vez sí me miró a los ojos.

—¿Qué te dijo tu abuelo?

Me senté muy derecha en la silla.

—Me pidió que le dijera que no pagará los quince dólares.

El director murmuró algo entredientes que no pude entender y caminó hacia la ventana. Se paró a contemplar algo afuera. Parecía más grande de lo normal cuando se levantó; era un hombre alto y enjuto, tenía canas, y yo observaba su nuca mientras esperaba que hablara.

—¿Por qué?— preguntó finalmente—. Tu abuelo tiene dinero. ¿No es dueño de un pequeño sembrado de frijoles?

Lo miré esforzándome para no llorar.

—Dijo que si tenía que pagar por ella, entonces la chaqueta no sería un premio—le dije, y me levanté para irme.

—Me imagino que tendrá que dársela a Joann—. No quise

decirle eso; se me escapó. Casi estaba en la puerta cuando me detuvo.

—Marta, espera.

Me volteé y lo miré esperando. ¿Qué querrá ahora? Sentí el corazón palpitando fuertemente. Algo amargo y de sabor desagradable se me subía a la boca. Tenía miedo de enfermarme. No necesitaba ningún discurso de consuelo. Él suspiró ruidosamente y regresó a su gran escritorio. Me miró mordiéndose el labio como cavilando.

—Bueno, ¡maldición! haremos una excepción en tu caso. Le diré a la junta directiva que tú recibirás la chaqueta.

Apenas lo podía creer. Hablé rápido y nerviosamente:

—¡Muchas gracias, señor director! De pronto me sentí maravillosamente bien. En esa época no sabía de adrenalina,[1] pero sí sabía que algo estaba corriendo dentro de mí y que me hacía sentir tan alta como si llegara al cielo. Quería gritar, saltar, correr una milla, hacer algo. Salí corriendo para poder llorar en el pasillo donde nadie me viera. Al final del día, el señor Schmidt me guiñó el ojo y dijo:

—Oí decir que recibirás el premio este año. Su cara se veía tan feliz e inocente como la de un bebé, pero yo estaba consciente de la situación. Sin contestarle lo abracé y corrí al autobús.

Lloré nuevamente en el camino a casa, pero esta vez de felicidad. Estaba ansiosa de contárselo a abuelo y corrí directamente al huerto. Me acerqué al surco donde él estaba trabajando, y sin decirle nada, me agaché y empecé a sacar las hierbas con mis manos. Abuelo trabajó a mi lado por unos minutos, pero no preguntó lo que había pasado. Después de acumular un pequeño manojo de malezas entre los surcos, me paré y lo miré.

—El director dice que va a hacer una excepción conmigo y que, después de todo, voy a recibir la chaqueta. Eso fue lo que me dijo después de que le conté lo que tú dijiste.

Abuelo no dijo nada, sólo me dio una palmadita en el hombro y me sonrió. Sacó el arrugado pañuelo rojo que siempre llevaba en su bolsillo trasero y se secó el sudor de la frente.

—Anda a ver si tu abuela necesita ayuda con la comida.

Le respondí con una amplia sonrisa. A mí no me engañaba. Regresé a casa entre saltos y carreras, silbando una melodía cualquiera.

---

1. **adrenalina:** hormona que aumenta la presión sanguínea y estimula el sistema nervioso central

Responde

¿Qué importancia tendría para ti un premio que tuvieras que comprar?

P: ¿Quién es **Marta Salinas?**
R: Es una escritora méxicoamericana.
P: ¿Sobre qué escribe?
R: Con frecuencia sus obras tratan de la justicia social y los personajes reflejan el contexto cultural en que se crió la escritora.

Descubre el sentido

Analiza la lectura

Recuerda

1. Describe las dos imágenes que pinta el escritor en *Traduciendo la casa de mi abuelo*.
2. En *El premio,* ¿cuál es la imagen más clara del director?

Interpreta

3. ¿Por qué la imagen creada por el narrador de *Traduciendo la casa de mi abuelo* es tan diferente a las de los demás?
4. ¿Cómo es que, en *Traduciendo la casa de mi abuelo*, la casa en la ciudad es una "traducción" de la casa del abuelo?
5. En *El premio,* ¿por qué tiene más significado para Marta un premio académico que un premio deportivo?
6. ¿Qué piensa el abuelo de Marta sobre la manera en que ella enfrenta su conflicto?

Avanza más

7. ¿Por qué los escritores de las dos selecciones quieren contar sus experiencias pasadas?

Para leer mejor

Cómo comparar y establecer contrastes entre las imágenes

Probablemente conservarás en la memoria varias **imágenes** creadas por estos autores. Ahora comprenderás mejor cada selección al comparar estas **imágenes** y encontrar las similitudes y las diferencias entre ellas. Por ejemplo, en *Traduciendo la casa de mi abuelo*, puedes establecer un contraste entre la **imagen** "filas de árboles de limón y mango" y la imagen de la "yerba silvestre".

1. ¿Cuál es el dibujo más detallado? ¿Por qué el autor escribió más sobre una casa que sobre la otra?
2. ¿Qué descubres sobre la gente al comparar al Sr. Schmidt con el Sr. Boone en *El premio*? Escribe una lista con palabras y frases que describan el carácter de cada uno de ellos.

Ideas para escribir

Puedes usar palabras para que otros "vean" tus recuerdos especiales y para que los demás compartan contigo los suyos.

Descripción En *Traduciendo la casa de mi abuelo* se usan detalles sensoriales para dar una descripción clara de un lugar. Usa detalles sensoriales para describir un lugar que guarda recuerdos especiales para ti.

Ensayo sobre cómo se hace algo Escribe en detalle los pasos necesarios para conservar los recuerdos. Por ejemplo, podrías explicar cómo se comienza y se mantiene un álbum de fotografías o cómo se usa una grabadora o una cámara de vídeo.

Ideas para proyectos

Los recuerdos Las selecciones que has leído tienen que ver con la memoria. Enséñales a tus compañeros de clase a agudizar su memoria. Busca información acerca de estudios realizados por científicos y psicólogos sobre la memoria, y prepara un panfleto con sugerencias y estrategias para estudiar mejor.

Historia oral Pídele a una persona mayor de tu familia o de tu comunidad que describa el lugar donde se crió, o que hable sobre un acontecimiento importante en su vida. Prepara preguntas por adelantado que provoquen descripciones claras y vívidas. Presenta un informe ante la clase, y si es posible, usa una grabación o un vídeo de la entrevista.

¿Estoy progresando? Discute estas preguntas con un grupo pequeño:

¿Cómo me ayudó la visualización a entender mejor las selecciones? ¿Cómo me podrá ayudar cuando lea otros tipos de literatura?

¿Qué aprendí en estas lecturas sobre la importancia de los recuerdos?

Eres tú la solución

Los proyectos................

Las selecciones que has leído en este capítulo exploran las siguientes preguntas: ¿Qué conflictos enfrentamos? ¿Cómo enfrentamos los conflictos? ¿Cómo podemos resolver los conflictos? Con un compañero, realiza una o dos de las siguientes actividades para elaborar tus respuestas a dichas preguntas. Puedes contestar oralmente o por escrito.

Plan de clase sobre la resolución de conflictos

Escribe un plan de clase para niños más jóvenes que tú en el cual planteas la resolución de problemas. Habla con maestros, consejeros educacionales y trabajadores sociales para pedir ideas acerca de cómo enseñar efectivamente la resolución de problemas. Presenta el plan a un maestro(a) y, si es posible, aplícalo con una clase de tu escuela.

Juego de mesa
Diseña un juego de mesa en que los jugadores tengan que resolver conflictos de la escuela o la comunidad. Escribe una lista de las reglas, un sistema de puntuación y posibles premios para los que resuelvan los conflictos de manera inteligente, pacífica y responsable.

Exposición sobre las olas y el viento
Haz una exposición o "minimuseo" que muestre cómo la gente resuelve conflictos con la naturaleza que les rodea. Puedes usar recortes de periódicos con ilustraciones de diluvios, huracanes y tormentas e investigar los métodos de control o protección existentes. Busca en la enciclopedia estas palabras para empezar tus investigaciones: *molino de viento, represa e irrigación.*

¡Adelante!
Libros de interés

Viajes de Ozomatli y Don Armadillo
de Mireya Cueto

Los que acompañen a Ozomatli y a Don Armadillo en su viaje de aventura y afectuosa curiosidad descubrirán que cada ser vivo —pequeño o grande, feo o hermoso— tiene un valor incalculable y que la vida de cada uno se encadena a la de los demás para formar un todo lleno de armonía.

El Sacerdote taoísta de la montaña Laoshan de Pu Songling

Un señor de buena familia busca el éxito fácil y después de pasar una vida dura, en la cual recibe muchas advertencias de su maestro, comete un acto ridículo que lo convierte en el hazmerreír de su pueblo.

Abuelita Opalina
de María Puncel

Cuando la señorita Laura encarga a sus alumnos que preparen una redacción sobre su abuela o sus abuelas para el día siguiente, Isa se mete en un buen lío...y solamente ella puede resolverlo.

Despliegue de comunicación

The human side of technology ©1995 James Yang

¡Entérate!

Es posible que te hayas preguntado lo siguiente: ¿Cómo nos entendemos? ¿Cómo se comunica la gente? ¿De qué manera influye la tecnología cuando nos comunicamos?

Actividades

En grupo Habla de cómo la falta de comunicación entre dos personas puede resultar en la incomprensión mutua. Menciona tus propias experiencias o sobre las de otra gente que conozcas. Elige una de estas experiencias y comenta cómo dichas personas podrían comunicarse más efectivamente.

Actividades

Por tu cuenta Haz un cartel que ilustre el impacto de la tecnología sobre la manera en que todos nos comunicamos. Incluye tantos sistemas de comunicación modernos como puedas. Por ejemplo, el teléfono, la radio, el fax, la televisión, la computadora y otros. Al pie del cartel, escribe una oración que se refiera a cada sistema y comenta cómo cada uno te sirve para comunicarte efectivamente.

Menú de proyectos . . . .

Escoge uno de los siguientes proyectos. Hay más detalles en la página 146.

- **Proyecto de alfabetización de la comunidad**
- **La exploración del espacio**
- **La danza como medio de comunicación**

Hombre junto al muelle de Daniel Moyano
El tiempo y el espacio de Julio Camba

¿Qué haces para que te escuchen?

Aplica lo que sabes

La comunicación es mucho más que hablar. Depende del momento y el lugar donde se habla. Puedes comunicarte mejor con los demás si sabes escuchar, si te sientes a gusto con quien estás hablando y si tomas en cuenta los "mensajes" que transmites con tus gestos.

Con un compañero, exploren lo que saben acerca de la comunicación mientras hacen una o ambas de las actividades siguientes:

- Hablen de los obstáculos que dificultan la comunicación y de algunas cosas específicas que se pueden hacer para vencerlos.
- Túrnense para transmitir un mensaje, utilizando destrezas "silenciosas" de comunicación tales como movimientos y gestos del cuerpo y expresiones faciales. Adivina lo que te comunica tu compañero.

Lee activamente

Cómo observar las relaciones entre los personajes

Muchos cuentos tratan de las **relaciones entre los personajes** y los esfuerzos que hacen para comunicarse. Al observar cómo los personajes actúan en estas relaciones y, en particular, cómo se comunican entre sí, puedes ir descubriendo indicios que revelan el tema. Mientras lees estos textos, fíjate en los detalles que apunten hacia las **relaciones entre los personajes.** Anota las palabras, pensamientos y actos de los personajes en un diagrama como el siguiente:

NARRADOR

Hombre junto al muelle

Daniel Moyano

Mar bastante gris, la mañana fría apenas amaneciendo, del hombre solo en el muelle se veían apenas las manos sosteniendo la caña de pescar y apenas boceto su perfil como borrado por aires marinos. También apenas unos metros de hilo y el resto sumergido en un aire brumoso,[1] imposible divisar la boya en el oleaje donde la mirada ausente del hombre de perfil quizás estuviese alzada hacia un improbable más allá buscando un horizonte de peces.

---

1. brumoso: cubierto por la niebla

Palabras básicas

boceto: bosquejo, trazo
perfil: postura en que se deja ver solamente una de las dos mitades laterales del cuerpo
boya: corcho flotante que se pone en la red que usan los pescadores

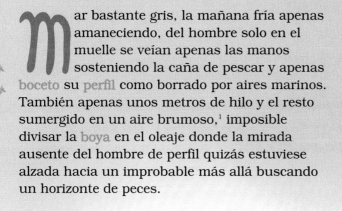

Hombre, muelle y mar, todos solos, se habrían fijado así para siempre si el viento no hubiera movido de vez en cuando los extremos de su abrigo. El hombre quieto no parecía tener siquiera pensamientos por dentro, tallado en su propia carne junto al mar intallable.[2] Reposaba en su postura como un resto que el otro oleaje de la ciudad hubiese depositado junto al mar, inutilizado ya por las oficinas y los ascensores, los relojes y los recuerdos.

La ciudad le había dejado intacta una parte apta de su pensamiento, orientado hacia un solo camino que terminaba en la boya. Si pican, podré sentir el hilo tenso y comenzar a girar el carrete. Me gustan los peces pesados, me gusta sentir un peso del otro lado del hilo antes que el sol se levante y lleguen los turistas.

Otro hombre apareció por un extremo del muelle. Lindo mar, pensaba, acá uno se siente realmente libre. Me gusta el mar, alguien con quien conversar y sentir el frío del alba[3] en las orejas.

El hombre de perfil atisbó al otro, que se había parado a su lado, justo cuando parecía que había picado algo. Si me quedo quieto sin mover un dedo, quizás no me hable, no me pregunte nada, no me recuerde nada. En todo caso puedo fingir que soy mudo y hacerle algunas señas, levantar el dedo pulgar para indicarle una primera imposibilidad grande de hablar, y luego con el índice apoyado en la palma de la otra mano decirle algo incomprensible que lo desaliente.[4]

Curioso, no quiere hablar, mira como si estuviese odiando el mar, tan hermoso, y si le digo lindo día será ridículo, si le pregunto si pican me odiará. Soy del norte, le digo, de una provincia montañosa, nunca había visto el mar, me gusta la gente también; entonces seguro él me dice caramba y lo lamento mucho, pero él ¿no ve que estoy pescando?

Si me muevo un milímetro seguro me va a decir algo. Si fuera dueño del mar lo echaría de aquí, parece que algo está picando, mejor muevo la caña, aunque eso lo animará a hablar, puede preguntarme si pican, Dios mío, cuántas palabras estoy usando. Si giro de golpe y lo empujo se lo lleva el oleaje, un golpe y nada más, pero qué manera de pensar, qué bajo estás llegando, qué manera de pasar las vacaciones.

El hombre de perfil enrolló rítmicamente el hilo, se alzó la boya y en la punta del anzuelo apareció un

---

4. desaliente: que quite el ánimo, que acobarde

Palabras básicas

apta: capaz, útil
atisbó: miró con cuidado, acechar

---

2. intallable: que no se puede tallar
3. alba: el amanecer

cangrejo[5] chico, cuando lo tuvo en su mano lo sacó cuidadosamente para no lastimarlo demasiado con el anzuelo, después lo tiró al mar. Puso otra carnada y arrojó el anzuelo esperando resignado que el otro empezase a hablar. La claridad del sol invisible todavía volvió un poco más humano el perfil del pescador.

No ha dicho una sola palabra desde que picó el cangrejo hasta que lo tiré. Eso está bien. Pero ya hablará. Debe tener una voz horrible. El año pasado fue lo mismo, un imbécil me preguntó por qué pescaba y luego tiraba los pescados. Como si uno pudiera andar llevando pescados en la mano para que le pregunten a uno todavía adónde los pescó. Aquél era un cretino, lo recuerdo, este otro tiene en cambio una cara de infeliz, una cara de descendiente[6] de esos espantosos indios del norte.

El hombre de pie se acercó más al pescador y se puso a mirar la boya. Buenos días amigo, dijo después arrepintiéndose, y cuando vio que el otro no le contestaba metió las manos en los bolsillos y siguió mirando la boya.

Tendría que haberle contestado caramba, y decirle enseguida que se fuera. Habla cantando y cansado.

---

5. cangrejo: crustáceo acuático de diez patas, comestible, con el caparazón de forma cuadrangular y el abdomen reducido y pegado al tórax; el primer par de patas está transformado en pinzas

6. descendiente: persona que desciende de otra

Quién sabe de dónde es, con esa cara de noticias policiales. Si me dice lindo día le voy a contestar duro, juro que le voy a decir algo. Seguro que me va a decir entonces que es la primera vez que ve el mar. ¿Sabe?, dice el muy miserable, es la primera vez que veo el mar. Entonces le digo ahora lo tiene todo para usted solo para que no me pregunte qué pesco y por qué tiro los pescados. O capaz que me pregunta ¿pican?, y entonces le contesto, esta vez sí le contesto, le digo que qué le parece a él y si no tiene algo menos estúpido para decir. O mejor lo insulto directamente o le tapo la boca con el primer pescado que saque, le froto[7] la boca con las escamas del pescado. Cómo me gustaría retorcerle las orejas en el momento en que me pregunte si soy de Buenos Aires,[8] pero seguro me va a preguntar por qué tiro los pescados al mar. Dígame una cosa, le digo mirándolo de frente, ¿puedo o no puedo pescar? El me dice que sí,

---

7. froto: restrego una cosa con fuerza
8. Buenos Aires: capital de Argentina

Palabras básicas

carnada: cebo
cretino: que padece de una condición conocida como cretinismo, también es un insulto, con el mismo significado de "estúpido"

naturalmente (odio esa palabra), por qué no voy a poder pescar, entonces yo le digo que eso estoy haciendo, estúpido le digo, ¿ya no se puede salir a pescar en este país? Capaz que entonces me dice que una prueba de que se puede pescar es que precisamente eso estoy haciendo, pero entonces le digo para qué diablos pregunta lo que está viendo, y él entonces sonríe, no tiene otra cosa que responder y por eso se ríe, y entonces me larga de golpe la pregunta por qué tiro los pescados al agua.

La boya se hundió varias veces y el pescador, después de gozar la tensión[9] del hilo y sentir por él el peso vivo en sus manos, comenzó a enrollar el carrete[10] sintiendo que era feliz. Debajo del rojo vivo de la boya un pez de tamaño de un gato giraba en el aire buscando su propia turgencia hecha de escamas blancas y gotas de agua verdosa que volvían al océano, luego inició el camino ascendente[11] hacia las manos del pescador. Este lo sacó cuidadosamente del anzuelo para no lastimarle la boca. Le hablaba al pez en voz baja, como para que el hombre que estaba a su lado no pudiese oírlo. Lamento tener que lastimarle la boca, pescadito, pero esto es necesario, ¿eh?

---

9. tensión: estiramiento, tirón, estirón
10. carrete: cilindro de la caña de pescar en que se enrolla el sedal
11. ascendente: que sube

No, eso es imposible porque usted es un pez y yo, en cambio, soy un hombre, especialmente del otro lado del anzuelo. ¿Puede ver la diferencia? Vamos, no tantos coletazos, eso hará que se le agoten más pronto las reservas. ¿Sabe lo que hago yo con pescados como usted? ¿No lo sabe? Esto. Y que no lo vuelva a ver por mi anzuelo.

El pez vibró unos instantes en el aire y cayó al agua. El hombre preparó otra vez la carnada, arrojó el anzuelo y siguió mirando la boya, con la mente bastante en blanco, satisfecho, sonriente, casi feliz.

El otro hombre también miraba la boya. Es curioso que tire los pescados al agua. El cangrejo, vaya y pase; pero éste era un hermoso pescado. Me gusta el mar, me gusta ver un hombre pescando en la orilla. Nunca había visto un hombre tirando los pescados al agua. El debe ser muy feliz con eso. Me gustaría hablar con él, preguntarle por ejemplo por qué lo hace, pero más bien parece sordo o está muy nervioso. Debe ser de esas personas que les gusta estar solas.

¿Y ahora qué me va a preguntar? ¿No tengo derecho a sacar un pescado

Palabras básicas

turgencia: hinchazón, tumefacción
escamas: pequeñas láminas que cubren los cuerpos de los peces
coletazos: movimientos de la cola

y tirarlo al agua? ¿Ni siquiera eso está permitido en este país? Pasado mañana vuelvo a la ciudad, ¿entiende? Me quedan dos días para pescar, y después tendré que volver a resolver problemas. Porque yo tengo problemas, ¿no es así? Entonces él me dice que le sorprende que yo saque pescados para tirarlos, y yo dejo la caña en el suelo y me paro frente a él y lo sacudo para poner de una vez las cosas en su lugar. Entendámonos de una vez, le digo. ¿Con qué derecho me pregunta por qué los tiro al agua? Porque acá no se trata del derecho que tengo para hacerlo sino del derecho que no tiene usted para preguntarlo. ¿Para qué quiere romperme el juego? ¿No se da cuenta de que si le contesto algo se me rompe el juego? Me costó años aprenderlo, con él me salvé del aburrimiento, porque lo único que puede hacer uno cuando no tiene que resolver problemas es aburrirse. Yo no me aburro, ¿entiende? Soy feliz, ¿lo sabía? Completamente feliz. Entonces él me atormenta con los peros, aunque, sin embargo, y entonces ya

no habrá paz, no me podré controlar, vendrá la desesperación y me pondré a llorar, cómo sé eso, y él para colmo me tendrá lástima, me rebajará hasta su lástima, me palmeará el hombro con sus inmundas manos diciéndome que no es para tanto, y ya no podré volver en la mañana húmeda y sola, solo, todo el mar para mí antes del sol y los turistas, sus pelotas, sus sombreros, sus radios y sus perros.

Se le habían turbado los ojos en lágrimas, no veía la boya medio hundida por un enorme pez prendido, no sentía su peso, y cuando giró el perfil para buscar la insoportable piedad del hombre, éste había desaparecido, aunque se veía todavía una parte de su abrigo oscuro en la otra punta del muelle.

Palabras básicas

los peros: las dudas
inmundas: asquerosas, repugnantes

Responde

Si fueras el pescador en el muelle, ¿qué le dirías al desconocido que se te acerca?

Si fueras el desconocido, ¿qué le dirías al pescador?

Daniel Moyano (1930–1992) nació en Buenos Aires y residió en Madrid desde 1976. Fue periodista, profesor de música y escritor de varios libros que incluyen *La lombriz*, *Una luz muy lejana*, *El estuche del cocodrilo* y *Tres golpes de timbal*.

El tiempo y el espacio

Julio Camba

Tengo algo urgente[1] que discutir con un amigo. Por supuesto el amigo dice que hoy no puede ser.

—¿Mañana…?

—Muy bien. ¿A qué hora?

—A cualquier hora. Después de almorzar, por ejemplo…

Yo digo que eso no es una hora. "Después de almorzar" es algo demasiado vago, demasiado elástico.

—¿A qué hora almuerza usted?

—pregunto.

—¿A qué hora almuerzo?

Pues a la hora en que almuerza todo el mundo: a la hora de almorzar…

—Pero ¿qué hora es la hora de almorzar para usted? ¿El mediodía? ¿La una de la tarde? ¿Las dos…?

—Más o menos…—dice mi amigo—. Yo almuerzo de una a dos. A veces no almuerzo hasta las tres… De todos modos a las cuatro siempre estoy libre.

—Entonces, ¿a las cuatro? Mi amigo asiente.[2]

—Claro que, si llego unos minutos tarde —añade—, usted me puede esperar, ¿verdad? Quien dice a las cuatro, dice a las cuatro y cuarto o a las cuatro y media. En fin, de cuatro a cinco yo estoy sin falta en el café.

Yo quiero ser exacto.

—¿A las cinco?

—Muy bien. A las cinco… Es decir, de cinco a cinco y media… Uno no es un tren, ¡qué diablo!

—Pues podemos decir las cinco y media —pregunto yo. Entonces mi amigo tiene una idea brillante.

—¿Por qué no decimos a la hora del aperitivo?—sugiere.

Seguimos discutiendo para fijar en términos de reloj la hora del aperitivo. Finalmente, quedamos en reunirnos de siete a ocho. Al día siguiente dan las ocho, y, claro está, mi amigo no viene. Llega a las ocho y media echando el bofe y no me encuentra.

—No es justo— exclama días después al encontrarnos en la calle—. Me hace usted fijar una hora, me hace usted correr, y no me espera ni diez

---

1. **urgente:** apremiante, que ha de ejecutarse con prontitud
2. **asiente:** acepta, aprueba

Palabras básicas

vago: indefinido

elástico: se aplica a lo que se puede estirar o cambiar de forma

aperitivo: una bebida o comida antes de una comida principal

echando el bofe: respirando con mucha dificultad

minutos. Yo llego a las ocho y media en punto, y usted no está esperándome.

Y lo más curioso es que la indignación de mi amigo es auténtica. Para él, la puntualidad es algo completamente absurdo.[3] Lo lógico, para él, es llegar media hora, tres cuartos de hora, o una hora después.

Pero —digo yo— una cita es una cosa que tiene que estar tan limitada en el tiempo como en el espacio. ¿Qué pasa si tenemos una cita en la Puerta del Sol y yo voy a Cuatro Caminos? Pues eso digo yo de usted cuando tenemos una cita a las ocho, y usted no llega hasta las ocho y media. De despreciar el tiempo, podemos despreciar también el espacio. Y de respetar el espacio, ¿por qué no considerar también el tiempo?

—Pero con esa precisión, con esa exactitud, la vida es imposible —opina mi amigo.

—¿Cómo explicarle que esa exactitud y esa precisión sirven, al contrario, para simplificar la vida? ¿Cómo convencerle de que, llegando puntualmente a las citas uno ahorra mucho tiempo para hacer otras cosas?

Imposible. Los españoles no llegan puntualmente a las citas, no por considerar que el tiempo es una cosa preciosa, sino al contrario, porque el tiempo no tiene importancia para nadie en España.[4] No somos superiores, somos inferiores al tiempo. No estamos por encima, sino por debajo de la puntualidad.

_____
3. **absurdo:** contrario a la razón

_____
4. **España:** país del suroeste de Europa

Responde

¿Qué significa para ti la palabra "puntualidad"?

¿Cómo reaccionas cuando tienes una hora fija para encontrarte con alguien y la persona no llega o llega mucho más tarde de lo convenido?

Julio Camba (España, 1882–1962) publicó numerosos artículos en los cuales da sus impresiones sobre la vida y la cultura de los países que ha visitado, presentando una visión satírica y humorística. Es autor de varios libros incluyendo *La rana viajera*, *Aventuras de una peseta*, *La ciudad automática* y *Mis páginas mejores.*

Palabras básicas

indignación: enfado, enojo
puntualidad: la cualidad de llegar a la hora exacta
despreciar: no estimar, tener en poco, desdeñar
exactitud: precisión, cuidado, regularidad

Actividades
Descubre el sentido

Analiza la lectura

Recuerda

1. En *Hombre junto al muelle*, ¿qué hace el pescador cada vez que coge un pez?
2. ¿Por qué el narrador de *El tiempo y el espacio* quiere fijar una hora para encontrarse con su amigo?

Interpreta

3. ¿Por qué teme el narrador de *Hombre junto al muelle* que el extraño le hable?
4. ¿Qué siente el narrador cuando termina *Hombre junto al muelle*?
5. En *El tiempo y el espacio*, ¿por qué el amigo cambia de opinión a cada rato en cuanto a sus horas libres?
6. ¿Cómo se siente el narrador de *El tiempo y el espacio* ante la actitud de su amigo en cuanto al tiempo?

Avanza más

7. Di si en ambos cuentos resultaría más apropiado utilizar otro estilo de comunicación para mejorar las relaciones entre los personajes.

Para leer mejor
Cómo interpretar los motivos de los personajes

Si observas a los personajes podrás entender los **motivos** o razones de su comportamiento. Al igual que en la vida real, los personajes de un cuento no siempre expresan el por qué actúan de cierta manera. Sin embargo, puedes interpretar sus **motivos** si te fijas en sus actos y piensas en los sentimientos que los impulsan.

Los motivos que impulsan a un acto o actos pueden incluir la frustración, la esperanza, el enojo, la necesidad de estar a solas o el deseo de comunicarse con la naturaleza. Utiliza las palabras, pensamientos y acciones que apuntaste en el diagrama anterior para decidir cuáles fueron los

motivos de los narradores en *El tiempo y el espacio* y *Hombre junto al muelle*. Comparte tus ideas con tus compañeros de clase.

Ideas para escribir

Después de leer estos textos, puede que cambies el modo de pensar sobre la importancia de la comunicación.

Observación Recuerda una conversación que hayas presenciado y describe los gestos y movimientos (lenguaje del cuerpo) de los participantes. Sin mencionar lo que dijeron, trata de transmitir el significado de la conversación.

Artículo editorial En *El tiempo y el espacio*, Julio Camba sugiere que la puntualidad es esencial. Escribe un artículo editorial para el periódico de tu escuela y expresa tus opiniones sobre las ideas de Camba.

Ideas para proyectos

Investigación sobre el significado del lenguaje del cuerpo El narrador de *Hombre junto al muelle* busca la manera, sin hablar, de que el extraño no se le acerque. Mira detenidamente las reproducciones de pinturas famosas que se encuentran en los libros de arte y estudia el lenguaje del cuerpo de la gente que aparece en las mismas. Pídele a tu maestro(a) de arte que te ayude a interpretar ese lenguaje, y presenta la interpretación del mismo ante la clase.

La poesía y el Internet No todos los poemas se encuentran en los libros. Hoy en día, mucha poesía y muchas revistas de poesía se encuentran en el Internet. Busca algunos ejemplos en el Internet y haz una presentación para tus compañeros de clase.

¿Estoy progresando?
Piensa en las respuestas a las preguntas siguientes:

¿Qué aprendí sobre la comunicación al observar las relaciones entre los personajes?

¿Qué aprendí sobre la comunicación que podría servirme en otras materias académicas?

Actividades

Presentación

Dapik Lta, el Dueño de la Miel
de José Benítez
Un pleito de Rubén Darío
Nani de Alberto Ríos

¿Puedes decir lo que quieres con el vocabulario que conoces?

Aplica lo que sabes

Probablemente has tenido la experiencia de hacer una pausa a mitad de oración mientras buscas una palabra que no podías encontrar. Todos hemos pasado por la misma experiencia, y nos hemos preguntado si las palabras, herramientas necesarias para la expresión, estarán siempre a flor de labios cuando las necesitemos.

Con un compañero, haz una o dos de estas actividades para saber qué se puede o no lograr con la palabra.

- Escribe una palabra, como inteligencia y, de memoria, apunta sus sinónimos. Habla de las pequeñas diferencias de significado que expresa cada uno. ¿Existen clases de inteligencia que no se pueden describir con palabras?

- En el salón de clase, mira rápidamente en tu derredor. Luego cierra los ojos y describe todo lo que has visto. ¿Hallaste las palabras para describir todo lo que viste?

Lee activamente

Cómo distinguir entre lenguaje literal y lenguaje figurado

Los poetas amplían las posibilidades de las palabras cuando usan **lenguaje figurado** para que éstas signifiquen más de lo común o literal. El **lenguaje figurado** se basa en las comparaciones. Un poeta podría comparar la piel con los ojos al decir, "Su piel me mira como un ojo". También podría decir que la piel es un ojo: "Me mira con la piel". En la poesía, al hacer la distinción entre el lenguaje literal y el figurado, verás cómo se usan las palabras para decir cosas sorprendentes.

Mientras vas leyendo los poemas, distinga entre las palabras que se utilizan en sentido literal y las que se utilizan queriendo significar otras cosas diferentes a lo que les corresponderían. Apunta los ejemplos en una tabla como la que sigue. Recuerda que, a menudo, el lenguaje figurado usa las palabras para comparar cosas o aparentar que una cosa es otra.

Título del poema	Ejemplo de lenguaje figurado	¿Qué compara el poeta?

Dapik Lta, el Dueño de la Miel

José Benítez

Un hombre sacaba todos los días miel de abeja. Sacaba a la mañana y sacaba a la noche, todos los días. Y un día le salió una persona, que era el Dueño de la Miel. Estaba sacando una miel de tierra. Se le presentó un hombre que tenía la cabeza llena de helechos y le dijo así:

Palabras básicas

helechos: primitivas plantas cuyas hojas en forma de plumas son muy largas y recortadas

—Vete de aquí, si no quieres pasarla mal.

Y santo remedio: este hombre no quiso ir a sacar más miel.

Se asustó mucho. Estaba en el medio del monte.

Dapik Lta, el Dueño de la Miel, era él que se le había aparecido.

El hombre sacaba miel de un lado, en otro ponía pichones. Dapik Lta le habló y le dijo:

—¿Qué pasa que a usted lo veo todos los días por aquí, no se conforma con una o dos veces por semana? Usted sacó mucha miel a la mañana, a la tarde, al otro día otra vez a la mañana y a la tarde. No se conforma.

Se volvió el hombre y no buscó más miel. Porque Dapik Lta le dijo que de aquí en más nada más, otra vez yo te veo y te quedás acá.

Dapik Lta es el Dueño de la Miel y de las avispas.

Responde

¿Has tenido que enseñar a alguien alguna vez la importancia de proteger el medio ambiente? Explica.

Palabras básicas

pichones: crías de ave

José Benítez es un cuentista de un grupo indígena de Sur América. Su leyenda "Dapik Lta…" fue recopilada por el antropólogo Buenaventura Terán, que la incluyó en su libro titulado *Lo que cuentan los Tobas.*

Un pleito

Rubén Darío

1

Diz que dos gatos de Angola[1]
En un mesón se metieron,
Del cual sustraer pudieron
Un rico queso de bola.

5   Como equitativamente
No lo pudieron partir,
Acordaron recurrir
A un mono muy competente;

Mono de mucha conciencia
10 Y que gran fama tenía,
Porque el animal sabía
Toda la jurisprudencia.

---

1. Angola: país de la región suroeste de África

Palabras básicas

mesón: hostal, hostería, parador
queso de bola: queso fabricado originalmente en Holanda, en forma de bola
equitativamente: imparcialmente, de forma igualitaria
recurrir: buscar remedio o solución en un apuro
jurisprudencia: conjunto de leyes y disposiciones, ciencia legal

—Aquí tenéis[2] —dijo el gato
Cuando ante el mono se vio—
15 Lo que este compadre y yo
Hemos robado hace un rato;

Y pues de los dos ladrones
Es el robo, parte el queso
En mitades de igual peso
20 E idénticas proporciones".

Aquel mono inteligente
Observa el queso de bola,
Mientras menea la cola
Muy filosóficamente.

25 —"Recurrís a mi experiencia
Y el favor he de pagaros,
Amigos, con demostraros
Que soy mono de conciencia.

Voy a dividir el queso,
30 Y, por hacerlo mejor,
Rectificaré el error,
Si hubiera, con este peso".

Por no suscitar agravios
Saca el mono una balanza,
35 Mientras con dulce esperanza
Se lame el gato los labios.

—"Haz, buen mono, lo que quieras"—,
Dice el otro con acento
Muy grave, tomando asiento
40 Sobre sus patas traseras.

---

2. tenéis: del verbo tener, equivalente
de "ustedes tienen", uso de España

Palabras básicas

menea: mueve, agita
rectificaré: corregiré
suscitar: provocar, causar
agravios: ofensas, insultos

2

Valiéndose de un cuchillo,
La bola el mono partió,
Y enseguida colocó
Un trozo en cada platillo;

5   Pero no estuvo acertado
Al hacer las particiones,
Y tras dos oscilaciones
Se inclinó el peso hacia un lado.

Palabras básicas

oscilaciones: balanceos

Para conseguir mejor
10 La proporción que buscaba
En los trozos que pesaba,
Le dio un mordisco al mayor;

Pero como fue el bocado
Mayor que la diferencia
15 Que había, en la otra experiencia
Se vio el mismo resultado.

Y así, queriendo encontrar
La equidad[3] que apetecía,
Los dos trozos se comía
20 Sin poderlos nivelar.

No se pudo contener
El gato, y prorrumpió así:
—"Yo no traje el queso aquí
Para vértelo comer".

25 Dice el otro con furor[4]
Mientras la cola menea:
—"Dame una parte, ya sea
La mayor o la menor;

Que estoy furioso, y arguyo,
30 Según lo que va pasando,
Que por lo nuestro mirando,
Estás haciendo lo tuyo".

---

3. equidad: cualidad que consite en dar a
cada uno lo que se merece
4. furor: furia (violencia y prisa)

3

El juez habla de este modo
A los pobres litigantes:
—"Hijos, la justicia es antes
Que nosotros y que todo".

5 Y otra vez vuelve a pesar,
Y otra vez vuelve a morder,
Los gatos a padecer
Y la balanza a oscilar.

Y el mono, muy satisfecho
10 De su honrada profesión,
Muestra su disposición
Para ejercer el derecho.

Y cuando del queso aquel
quedan tan pocos pedazos
15 Que apenas mueven los brazos
De la balanza en el fiel,

El mono se guarda el queso
Y a los gatos les responde:
"Esto a mí me corresponde
20 Por los gastos del proceso..."

Rubén Darío (1867–1916) o Félix Rubén García
Sarmiento nació en 1867 en Nicaragua. Inició el
movimiento literario llamado *modernismo* con la
publicación de su obra poética *Azul*. También fue
periodista, corresponsal y diplomático. Es conocido
como uno de los poetas más importantes de la
tradición literaria mundial.

Responde

¿Cómo habrías dividido tú
el queso?

Nani

ALBERTO RÍOS

traducido por Consuelo Corretjer-Lee

Sentada a su mesa, me sirve
la sopa de arroz,
instintivamente, y la observo,
la mamá absoluta, y como palabras
5 que pude haber tenido que decir más
por vergüenza. Decir
palabras ahora extranjeras que solía decir,
también se derraman por su boca mientras me sirve
albóndigas[1]. No más
10 de un tercio se me hacen fáciles.
Junto a la cocina ella hace algo con palabras
y me mira sólo con su
espalda. Estoy lleno. Le digo
que siento el sabor de la menta y la observo decir
15 sonrisas a la cocina. Todas mis palabras
la hacen sonreir. Nani nunca se sirve
ella sólo me observa
con su piel, con su pelo. Pido más.

Veo a la mamá calentando más
20 tortillas para mí. Veo sus
dedos en la llama por mí.
Cerca de su boca, veo una arruga que habla
de un hombre cuyo cuerpo sirve
a las hormigas igual que ella me sirve, entonces más palabras
25 de más arrugas sobre niños, palabras
sobre esto y aquello, fluyendo más
fácilmente de estas otras bocas. Cada una sirve
como una enorme cuerda que la rodea,
que la sostiene. Me dicen
30 Nani fue así o asá
y me pregunto cuánto de mi
morirá con ella, qué palabras
pude haber sido, fui. Sus adentros hablan
a través de cien arrugas, ahora, más
35 de lo que ella puede soportar, endurecidas la rodean,
gritando, entonces, ¿qué es esto que ella sirve?

Me pregunta si quiero más.
No tengo palabras para detenerla.
Antes de que yo hable, me sirve.

Alberto Ríos es hijo de padre mexicano y madre inglesa. Pasó su niñez en un pueblo de la frontera entre Arizona y México. Sus poemas y cuentos expresan su herencia chicana y reflejan el estilo de un poeta bilingüe que ha vivido siempre entre dos culturas.

Responde

¿Has conocido alguna vez a alguien como Nani? Explica.

---

1. albóndigas: bolitas de carne o pescado molido, que se comen fritas o guisadas.

Palabras básicas

instintivamente: sin pensarlo
arruga: pliegue que se hace en la piel
cuerda: conjunto de hilos de cáñamo, lino, esparto, etc., que torcidos forman un solo cuerpo cilíndrico y flexible
asá: uso familiar de así

Descubre el sentido

Analiza la lectura

Recuerda

1. ¿Quién era el dueño de la miel en *Dapik Lta, el Dueño de la Miel*?
2. ¿Dónde encontraron el queso de bola los dos gatos de *Un pleito*? ¿Qué quieren hacer con él?
3. ¿Qué es lo que verdaderamente sucede en *Nani*?

Interpreta

4. ¿Por qué Dapik Lta le dijo al hombre que no se llevara más miel?
5. ¿Cómo se sienten los dos gatos al final de *Un pleito*? ¿Cómo te sentirías bajo circunstancias similares?
6. En *Nani*, ¿cúal es el sentimiento del poeta hacia su abuela?

Avanza más

7. ¿Qué nos indican estos poemas sobre la comunicación y los obstáculos para comunicarse?

Para leer mejor

Cómo apreciar el lenguaje figurado

Has visto cómo dos poetas usan el lenguaje **literal**, que tiene un significado exacto, y el lenguaje **figurado**, que expresa algo más que el significado exacto. Los poetas usan el lenguaje **figurado** para expresar los pensamientos y los sentimientos que no se pueden describir con las palabras comunes.

El lenguaje **figurado** se basa en las comparaciones y así le da nuevos significados a las palabras. Cuando se crea lo que se conoce como una metáfora, se describe una cosa como si fuera otra. Ríos, por ejemplo, habla de comer las "palabras", como si fueran comida.

1. Busca dos metáforas que Ríos utiliza para describir a *Nani*. ¿Cómo la retratan?
2. ¿Qué se perdería si los poetas usaran solamente el lenguaje literal?

Ideas para escribir

El lenguaje figurado puede enriquecer otros tipos de literatura además de la poesía.

Breve descripción de un personaje En *Nani*, Alberto Ríos crea una breve descripción vívida de una mujer mayor. Piensa en una persona mayor a quien admiras y retrátala con palabras. Utiliza lenguaje figurado para dar vida al retrato.

Carta personal Escríbele una carta personal a Dapik Lta, el Dueño de la Miel como respuesta a sus convicciones de conservar y proteger el medio ambiente. Si has tratado una vez de enseñarle a una persona la importancia de proteger el medio ambiente, di cómo lo hiciste, por qué lo querías hacer, el resultado y cómo te sentiste al hacerlo.

Ideas para proyectos

Diálogo cómico Pregúntale a tu maestro de ciencias cómo hallar información sobre cómo se comunican los animales. Con un grupo, investiga este tipo de comunicación. Entonces, escribe un diálogo cómico sobre dos o más animales que tratan de resolver una disputa y dramatízalo ante la clase.

La comida como comunicación En *Nani*, el poeta describe cómo su abuela comunica el cariño con la comida. Investiga sobre diferentes comidas de otras culturas y los "mensajes" que con las mismas se transmiten. Haz una presentación a tus compañeros de clase sobre lo que has aprendido y, si es posible, prepárales algunas de las comidas.

¿Estoy progresando?

Contesta estas preguntas en tu diario.

¿Cómo estos poemas me ayudaron a entender la diferencia entre el lenguaje literal y el lenguaje figurado?

¿Por qué el lenguaje figurado es un medio importante de comunicación?

Actividades

Presentación

El diario a diario de Julio Cortázar
En el último minuto de Sergio Sant'anna
De los periódicos de Gloria Fuertes

¿Qué invenciones modernas te permiten comunicarte rápidamente con otras personas en cualquier parte del mundo?

Aplica lo que sabes

En siglos pasados, la gente se comunicaba a través de mensajeros y carteros que entregaban las cartas a pie o a caballo. Hoy día puedes llamar a cualquier lugar, a cualquier hora y comunicarte casi al instante. Recibes noticias por la televisión, la radio, a través de los periódicos y hasta por el Internet. La manera en que nos comunicamos ha cambiado debido a de la tecnología moderna.

Piensa en los avances tecnológicos en la comunicación mientras haces una o ambas de estas actividades.

- Escoge tres épocas históricas, por ejemplo, la Edad Media, el Renacimiento y el siglo XIX. Describe cómo se comunicaba la gente de cada época.
- Con un compañero, presenta una dramatización en la cual alguien del pasado recibe información sobre un método moderno de comunicación.

Lee activamente

Cómo varía la rapidez con que se lee una lectura

La tecnología te permite comunicarte con los demás casi instantáneamente. Sin embargo, cuando lees un ensayo o una narración complicada es importante **variar**, o ajustar, la **velocidad de la lectura** para comprenderla. Para entender una idea complicada, por ejemplo, tienes que leer con detenimiento, pausando con frecuencia. Para obtener una información específica podrías ojear el texto con rapidez, hasta encontrar lo que buscas. Se hace lo mismo para obtener una idea general de qué trata el texto deteniéndote a mirarlas ilustraciones con sus legendas.

Lee estos textos rápidamente fijándote en las ilustraciones y sus leyendas. Cuando termines, apunta algunas de las ideas principales en una gráfica como la siguiente. Después, lee con detenimiento las partes más difíciles.

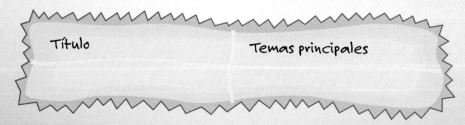

Título	Temas principales

138   Despliegue de comunicación

El diario a diario

Julio Cortázar

Un señor toma el tranvía después de comprar el diario y ponérselo bajo el brazo. Media hora más tarde desciende con el mismo diario bajo el mismo brazo.

Pero ya no es el mismo diario, ahora es un montón de hojas impresas que el señor abandona en un banco de plaza.

Apenas queda solo en el banco, el montón de hojas impresas se convierte otra vez en un diario, hasta que un muchacho lo ve, lo lee, y lo deja convertido en un montón de hojas impresas.

Apenas queda solo en el banco, el montón de hojas impresas se convierte otra vez en un diario, hasta que una anciana lo encuentra, lo lee, y lo deja convertido en un montón de hojas impresas. Luego se lo lleva a su casa y en el camino lo usa para empaquetar medio kilo de acelgas, que es para lo que sirven los diarios después de estas excitantes metamorfosis.

Palabras básicas

acelgas: plantas de hortaliza con hojas anchas y comestibles
metamorfosis: transformación o cambio

Responde

¿Qué se hace en tu casa, con los periódicos después de leerlos?

Julio Cortázar, gran escritor de cuentos y novelas, nació en Argentina en 1914 y residió en Francia casi toda su vida. Su novela *Rayuela* inició un cambio estilístico y estructural en la novela contemporánea. Muchos de sus textos tratan sobre el orden cronológico y el orden espacial de la existencia desde un punto de vista psicológico.

En el último

minuto

Sergio Sant'anna

CANAL 5

Es un contragolpe de la defensa de ellos. La pelota viene alta y cae para Breno, nuestro volante defensivo. Él la baja con el pecho, la pone en el piso y entonces pierde el dominio del balón. Pero nadie se va a acordar de eso: que el primer error fue de Breno. La pelota queda, entonces, para el volante ofensivo de ellos, Luiz Henrique. Es el momento de la desesperación, el último minuto. Nosotros jugamos por el empate,[1] ellos tienen que ganar. El marcador[2] está uno

a uno. Luiz Henrique lanza la pelota hacia la izquierda, con un pase largo, con profundidad. Es uno de esos tiros casuales, en el apuro del final del juego, sólo para ver lo que pasa. La pelota va con demasiada fuerza, hacia el costado izquierdo. Pero el puntero de ellos cree en la jugada y le gana a nuestro lateral derecho la línea de fondo, lejos del arco. Pero el puntero de ellos, el

---

1. empate: cuando ambos equipos anotan el mismo número de puntos

2. marcador: tablón donde se anotan los puntos de cada equipo

---

Palabras básicas

contragolpe: golpe dado en respuesta de otro
volante defensivo: el jugador que puede atacar o defender
puntero: el jugador que lleva la pelota adelante
lateral derecho: jugador ubicado en el centro a la derecha del campo de juego

Zurdito, es cabezón y viene corriendo, a todo lo que da. Nuestro zaguero derecho no llegó y el Zurdito viene a toda máquina.[3] Es en ese momento que le grito al Lula: —Dale, a él, a él. —Pero el grito no se escucha ni en la tribuna ni en la TV. Y Lula es el zaguero central de la selección y, entre yo y él, prefieren quemarme a mí. —Dale, a él —estoy gritando, de preocupación. Porque nadie puede creer en una jugada así. Y el Lula va sólo para asegurar la salida de la pelota. No corre con decisión, no entra con fe. El Zurdito llega ya completamente sin piernas, al final de aquella carrera, pero todavía le pega a la pelota, con la izquierda, exactamente sobre la raya de fondo. Y se cae encima de los fotógrafos.

Es un tiro al ras del piso,[4] un centro sin fuerza y yo grito: —Dejá. —Cerré el ángulo perfectamente y caigo sobre la pelota. Siento la pelota en mis brazos y en el pecho. Y sé que la hinchada[5] va a gritar y aplaudir, desahogando el nerviosismo, en aquel último ataque del partido. Yo sostengo la pelota segura, con firmeza contra el pecho y, de repente, siento ese vacío en el cuerpo. Estoy agarrando el aire. La pelota escapándose y penetrando bien despacito en el arco. La pelota ni llega a alcanzar la red; se queda paradita ahí, más allá de la línea fatal. Y yo salto desesperadamente encima de ella, sacando la pelota de allá adentro. Pero es demasiado tarde, todo el mundo ya vio que fue gol. La cancha explota y es como si mi cabeza estallase. Veo y escucho todo aquello: el equipo de ellos abrazándose, el fervor de la multitud, los petardos y nuestro equipo que se abalanza sobre el árbitro, en un intento inútil de anular el gol. Oigo y veo aquéllo, pero es como si todo estuviese muy lejos de mí, sin ninguna relación conmigo.

EN CÁMARA LENTA

El puntero izquierdo de ellos, el Zurdito, está tan lejos de la pelota que parece imposible que logre alcanzarla. El Tião, nuestro zaguero derecho, hasta se detuvo cuando el Zurdito le ganó en la carrera. Se queda mirando allá lejos, con las manos en la cintura. Y el Zurdito corre. El tiro fue tan largo que hasta en el vídeo tape, ya habiendo visto el partido, a uno le cuesta convencerse de que él llegará a tiempo para patear la pelota. Entonces me viene, ahora, esa sensación absurda de que todavía puede suceder todo diferente, que yo puedo corregir mi error. Me dan ganas de gritarle más fuerte al Lula o incluso salir del arco, cualquier cosa por el estilo. Pero el Lula tarda una enormidad en enfilar tras el Zurdito. Y cuando va, lo hace desganado y displicente. Y sale aquel tiro debilucho, totalmente sin ángulo. La pelota pasa por un espacio

---

3. **a toda máquina:** rápidamente y con energía
4. **al ras del piso:** tocando el piso
5. **hinchada:** fanáticos de un equipo de fútbol en Argentina, aficionados

Palabras básicas

zaguero: jugador que se coloca atrás, defensor
petardos: cilindros cuyas cavidades se llenan de pólvora y que al prenderles fuego producen detonaciones
displicente: con indiferencia, de mal humor

diminuto, entre el pie del Lula y la línea de fondo. Y yo caigo sobre ella correctamente, como Dios manda, todo el cuerpo protegiendo la pelota. La pelota que viene despacito, en cámara lenta. Esta no la dejo pasar, no puedo dejarla pasar.

Agarré la pelota, está segura. En mis brazos y en el pecho. Vamos a ser campeones. Detienen el tape sólo para mostrar eso: cómo estoy tranquilo con la pelota. En ese instante, todavía somos los campeones de Brasil. Pero ponen en marcha el tape de nuevo, todavía más lentamente que antes. Y la pelota, como si tuviese fuerza propia, se escurre por un pequeño hueco entre mi pecho y el brazo. Y se desliza despacito, llorando, adentro del arco. Entonces yo doy aquel salto ridículo y tomo la pelota otra vez. El comentarista dice que fui a desplumar el pollo.

CANAL 3

Van veinte minutos del primer tiempo. Mi mujer se sienta a mi lado y me dice que apague el televisor y que me olvide de todo eso. —Mañana será otro día —dice. Mañana será otro día, pienso. Voy a salir a la calle y ver mi foto en todos los diarios colgados en los quioscos: yo preparándome para defender aquel tiro; yo con la pelota en las manos; yo con la pelota perdida y ya entrando en el arco. Yo, el culpable de la derrota. Yo, *frangueiro*, si no dicen algo peor, que estaba vendido.

A los veintiséis minutos, inauguramos el marcador. Estamos jugando por el empate y todavía hacemos el primer gol. Estoy defendiendo bien el arco y garantizando el marcador del primer tiempo. Si ganamos el campeonato, hasta puedo ir a la selección.[6] Porque para el arquero se trata también de una cuestión de suerte, de estar en evidencia.[7] Entrás en onda, salís[8] siempre en los diarios y terminás en la selección. Si no, podés atajar hasta ladrillos que no te llaman.

Terminó el primer tiempo. En mi entrevista con el reportero en el campo, digo que si Dios quiere aseguraremos el uno a cero y que si dependiera sólo de mí ya estamos ahí. Después desciendo las escaleras del vestuario, bajo los aplausos de la hinchada. Esbozo un gesto discreto para los hinchas que gritan un poco anticipadamente:
—Somos campeones, somos campeones.

Cuando va a empezar el segundo tiempo, mi mujer me aprieta la mano y se queda mirándome así medio de reojo. Yo le digo que se vaya a dormir. No quiero lástima de nadie. Entonces ella sale en silencio del living. Enseguida es el momento del penal, que fue realmente claro. Lo cual es peor para mí, porque en el club no tendrán ninguna queja contra el árbitro y todo recae para mi lado, todo.

---

6. selección: grupo escogido de jugadores de fútbol, de todo el país, para formar un equipo representativo

7. estar en evidencia: no tener duda de lo que ha sucedido

8. salís: forma del verbo salir, se usa en algunos países de Latinoamérica

Palabras básicas

desplumar el pollo: juego de palabras; del portugués frango (pollo), pelota fácil de defender que el arquero deja pasar

primer tiempo: primera mitad del juego de fútbol

quioscos: tiendecitas o puestos donde se venden revistas y diarios

frangueiro: del portugués frangueiro; arquero inepto que deja pasar muchos frangos

podés: forma de decir "puedes", en muchos países de Latinoamérica, del verbo poder

Cuando hay penal, uno elige el rincón y ataja si tiene suerte. Yo salto hacia el rincón derecho y Jair patea también hacia el rincón derecho, pero con demasiada fuerza y bajo, al ras del travesaño. Uno a uno. Tres minutos de la etapa final y voy a tener que cerrar el arco durante cuarenta y dos minutos. El equipo de ellos, al necesitar la victoria, se va a venir todo encima de nosotros. Y nosotros con esa táctica suicida, retrocediendo para asegurar el empate.

Y yo me quedo ahí debajo del travesaño, durante cuarenta y un minutos. Estoy atajando todo y está esa pelota que agarro en los pies de Jair y aquella otra que saco al corner, lanzada por el Zurdito en el ángulo. Pero de todo eso no se van a acordar. Hubiese sido mejor para mí que me tragase enseguida una de aquellas pelotas difíciles. Dirían que era indefendible. Pero estoy defendiendo todo, en una de las mejores actuaciones de mi carrera. Pero no van ni a querer saber. Si no hubiese entrado esa última pelota, dirían que yo era el mejor arquero de Brasil. Pero la pelota entró y dirán que soy *frangueiro*.

El tiempo que pasaba, minuto a minuto. Oigo todo ese bochinche de la hinchada y es increíble cómo la alegría puede transformarse en tristeza tan de repente. Pienso, también, cómo la vida se decide a veces en un centímetro de espacio o en una fracción de segundo. Y me vuelve aquella locura, la sensación de poder modificar un destino ya cumplido, hacer todo diferente. Encarar aquella pelota de otra manera, mandarla al corner, aún sin necesidad. Ésa es una pelota para atajar con firmeza, pero si la saco al corner nadie va a reclamar una vez que seamos campeones. Dirán que es por nerviosismo de fin de campeonato, justificable hasta en un gran arquero. Mandar aquella pelota al corner.

El volante ofensivo de ellos, Luiz Henriquez, toma aquella pelota perdida por Breno, aquel regalo, y jugó la pelota larga a la punta izquierda. Lanza la pelota para nadie. Es el Zurdito el que va de cabezón y obstinado que es. En aquella carrera loca de él. Nuestro lateral se quedó allá atrás, con las manos en la cintura. Ni siquiera pensó en cometer una falta. El Zurdito corre tanto que parece que se va a caer. Yo le grito al Lula: —Dale, a él, a él. —El va, pero el centro ya salió y pasa entre mi cuerpo y la línea de fondo. Es un tiro débil y sin ángulo, pero de todas maneras voy a mandar la pelota al corner. A seguro se lo llevaron preso. Pero me caí encima de la pelota y me acosté sobre ella, en vez de sacarla al corner. Tengo la pelota segura en los brazos y en el pecho. Se resbala y entra en el arco.

Palabras básicas

travesaño: en algunos deportes, larguero horizontal de la portería
bochinche: escándalo, tumulto

Responde

¿Cómo te sientes cuando los miembros de un equipo u otro grupo dependen de ti para que las actividades del grupo tengan éxito?

Sergio Sant'anna es un escritor brasileño con un punto de vista muy particular del fútbol, deporte de gran acogida en el Brasil y en Latinoamérica.

DE LOS PERIÓDICOS

Gloria Fuertes

Un guante de los largos,
siete metros de cuerda,
dos carretes de alambre
una corona de muerto
5   cuatro clavos,
cinco duros de plata [1]
una válvula de motor
un collar de señora
unas gafas de caballero
10   un juguete de niño,
la campanilla de la parroquia
la vidriera [2] del convento,
el péndulo de un reloj,
un álbum de fotografías
15   soldaditos de plomo
un San Antonio de escayola
dos dentaduras postizas
la ele de una máquina de escribir
y un guardapelo,
20   todo esto tenía el avestruz en
      su estómago.

---

1. duros de plata: monedas españolas equivalentes a veinticinco pesetas

2. vidriera: bastidor con vidrios con que se tapan puertas y ventanas en un convento

Palabras básicas

péndulo: cuerpo pesado suspendido por un hilo o una varilla que puede oscilar debido a la fuerza de gravedad; en el reloj, regula la marcha

escayola: yeso calcinado que se usa en la escultura

guardapelo: medallón donde se guarda un mechón de pelo

 **Responde**

¿Has visto una noticia similar a la que se describe en *De los periódicos*?

Gloria Fuertes nació en España en 1918 y ha publicado más de 15 libros de poesía. Ha recibido varios premios literarios, incluyendo el "Premio Guipuzcoa" por su poesía, y el "Premio Andersen" por sus obras de literatura infantil. También fundó y dirigió *Arquero*, una revista literaria española.

Actividades
Descubre el sentido

Analiza la lectura
Recuerda

1. En *El diario a diario*, ¿qué pasó con el periódico después de que el primer hombre lo leyó?
2. ¿Quién comete el primer error en *En el último minuto*? ¿Por qué no se acordarán los aficionados de aquel error?
3. ¿Por qué el narrador de *En el último minuto* sigue reviviendo lo ocurrido en el juego?
4. Menciona tres cosas que se encontraron en el estómago del avestruz en *De los periódicos*.

Interpreta

5. En *El diario a diario*, ¿qué actitud tiene el autor hacia los periódicos?
6. ¿Por qué es tan importante para el narrador el último gol en *En el último minuto*?
7. ¿Qué actitud tiene hacia los periódicos la autora de *De los periódicos*?

Avanza más

8. Los textos que has leído reflejan las actitudes de sus autores hacia la televisión y los periódicos como medios de comunicación. Escoge uno y explica por qué estás o no de acuerdo con el autor(a) del mismo.

Para leer mejor
Cómo hacer bosquejos de lo que has leído

Puedes usar las ideas principales que apuntaste en la gráfica para **hacer un bosquejo** y organizar el contenido de la lectura según las ideas principales y los detalles relacionados con las mismas. Ello puede ayudarte a recordar las ideas claves y los detalles del texto. Un bosquejo típico tendría la forma siguiente:
I. Primer tema principal
  A. Primera idea o dato que apoya el tema principal
    1. detalle, ejemplo, cuento o explicación
    2. detalle, ejemplo, cuento o explicación
  B. Segunda idea o dato que apoya la idea principal

II. Segundo tema principal (El bosquejo continúa...)
    Haz un bosquejo de *En el último minuto*. Usa las notas de la gráfica para anotar los temas principales, y haz una segunda lectura del texto. Después, lee con detenimiento para encontrar las ideas clave, detalles y temas principales.

Ideas para escribir

Se puede escribir sobre la comunicación utilizando una variedad de técnicas.

Pronóstico Teniendo en mente las invenciones más recientes, pronostica cómo se usará la tecnología para la comunicación dentro de cincuenta años. Apoya tus ideas con datos, ejemplos y cuentos.

Artículo sobre deportes Escribe sobre un evento deportivo en el que hayas participado o que hayas visto para el periódico de la escuela. Incluye detalles gráficos para hacerlo interesante. Si lo deseas, escribe desde varios puntos de vista, como lo hizo el autor de *En el último minuto*.

Ideas para proyectos

Historia oral del periódico Entrevista a varios adultos que conoces para saber cómo los periódicos y las costumbres o hábitos que se crearon en torno a los mismos han ido cambiando con el paso del tiempo. Si es posible, graba las entrevistas y presenta partes de ellas en clase.

Debate sobre la televisión Como los productores de los programas de televisión escogen escenas específicas, el público sólo recibe una *versión* de un reportaje. Forma dos equipos para debatir el tema: "La televisión presenta al público una imagen falsa de la realidad". La clase puede votar para decidir cuál equipo presentó su caso de manera más convincente.

¿Estoy progresando? Contesta estas preguntas con un compañero.

¿Cómo entendí mejor las lecturas después de variar la rapidez con que leía? ¿Cómo podría utilizar esta estrategia con otros tipos de lectura?

¿Qué aprendí sobre la comunicación entre las personas después de leer estos textos?

Despliegue de comunicación

Los proyectos...............

En este capítulo, has estado expuesto(a) a preguntas importantes como éstas: ¿Cómo nos entendemos los unos con los otros? ¿Cómo se comunica la gente? ¿Cómo influye la tecnología en las comunicaciones? Los textos que has leído te han contestado algunas de estas preguntas. Sin embargo, las respuestas que encuentres por tu cuenta tendrán un mayor significado para ti. Los siguientes proyectos te ayudarán a desarrollar algunas de esas respuestas.

Proyecto de alfabetización de la comunidad
Trabaja con un grupo de estudiantes para promover el alfabetismo — el aprendizaje a leer y escribir — en tu comunidad. Investiga si hay programas de alfabetización y presenta los resultados ante la clase. Como parte de tu investigación, visita y observa esos programas. Quizás te guste trabajar en uno de ellos para recoger más información.

La danza como medio de comunicación Todas las culturas del mundo se comunican mediante la danza. Prepara una presentación con fotos o videos de bailes de otras culturas. Solo(a) o con un grupo demuestra fragmentos de los bailes ante la clase. Da una demostración y explicación de aquellos movimientos que transmiten mensajes específicos.

La exploración del espacio Cuando los científicos mandan una carga al espacio, tratan de decidir cómo van a informarle a un público desconocido sobre la vida en la Tierra. Decide lo que incluirías en un paquete de diez libras. Considera lo que dirías sobre la vida en la Tierra y la civilización. Presenta la carga a tus compañeros y contesta sus preguntas.

¡Adelante!
Libros de interés

Las peripecias de Paco Pelacañas
Mercä Company y Francesc Rovira

Don Francisco Aldecima Bajovalle trabajaba en una oficina hasta el día que se le ocurrió la idea de conocer no solamente el mundo, sino también el espacio donde se encontraría con nuevos modos de comunicarse con los demás.

Con la cabeza a pájaros
José Antonio del Cañizo

Cuando Julia y Trompo están con el abuelo ocurren cosas increíbles y hasta encuentran una simple botella flotando en el estanque de un parque que puede ser el comienzo de una correspondencia con un náufrago.

La historia del cazador de cuentos
de Saúl Schkolnik

El cazador de cuentos explica que él busca cuentos para los jóvenes porque los cuentos son como las mariposas que revolotean por el maravilloso mundo de las ideas; y lo que éstos comunican revolotea por la imaginación de los lectores y la despierta.

GLOSARIO

A

a cuestas *adv.*: Sobre la espalda

acertarían (cond. de *acertar*): Conseguirían lo deseado

agazapaba (imperf. de *agazapar*): Agachaba

agravios (sing. *agravio*) *m.*: Ofensas, insultos

agredirse *v.*: Atacarse, ofenderse

aguja de tricot *f.*: Aguja para tejer

albañiles (sing. *albañil*) *m.*: Personas que construyen o reparan casas

alboroto *m.*: Vocerío, algarabía, ruido

alimenticia *adj. f.*: Buena para la salud, comestible

amamantar *v.*: Dar de mamar

amasado *adj. m.*: Unido, juntado

amparo *m.*: Protección o defensa

aperitivo *m.*: Bebida o comida antes de una comida principal

apetecía (imper. de *apetecer*): Quería, deseaba

apta *adj. f.*: Capaz, útil

arcilla *f.*: Barro que se mezcla con agua para fabricar objetos de cerámica

aroma *m.*: Perfume, olor

arruga *f.*: Pliegue que se hace en la piel

asá *adv.*: Uso familiar de así

atisbó (pret. de *atisbar*): Miró con cuidado, acechar

azadón *m.*: Azada de pala algo curva y más larga que ancha

B

balbuceó (pret. de *balbucear*): Habló articulando las palabras de una manera vacilante y confusa

bancarrota *f.*: Quiebra, descrédito

banqueta *f.*: Asiento sin respaldo

bárbaros (sing. *bárbaro*) *m.*: Incultos, salvajes

boceto *m.*: Bosquejo, trazo

bochinche *m.*: Escándalo, tumulto

boya *f.*: Corcho flotante que se pone en la red que usan los pescadores

brinco *m.*: Salto

C

candelabro *m.*: Candelero con varios brazos para poner velas

cangreja *f.*: Hembra de un animal crustáceo que tiene cinco pares de patas

carnada *f.*: Cebo

cascabel *m.*: Bola de metal, hueca y agujereada con una pepita de metal por dentro que suena

cestas (sing. *cesta*) *f.*: Canastas, cestos

chapa *f.*: Hoja o lámina de metal

colcha *f.*: Cobertura de cama

coletazos (sing. *coletazo*) *m.*: Movimientos de la cola

colmillos (sing. *colmillo*) *m.*: Dientes caninos, largos y afilados

complace (pres. de *complacer*): Agrada

congojas (sing. *congoja*) *f.*: Angustias, aflicciones

contradecirte (inf. *contradecir*): Decirte lo contrario

contragolpe *m.*: Golpe dado en respuesta de otro

corpulento *adj. m.*: Grande y pesado

cretino *m.*: Que padece de una condición conocida como cretinismo, también es un insulto con el mismo significado de "estúpido"

cristales (sing. *cristal*) *m.*: Vidrios incoloros, en el poema "Caricia" significan ventanas

cuerda *f.*: Conjunto de hilos de cáñamo, lino, esparto, etc., que torcidos forman un solo cuerpo cilíndrico y flexible

cuñados (sing. *cuñado*) *m.*: Maridos de las hermanas, o hermanos de la esposa

D

deleitándote (ger. de *deleitarse*): Sintiendo gran placer por algo

deletrear *v.*: Leer o pronunciar una palabra letra por letra

desaire *m.*: Afrenta, menosprecio

desplumar el pollo *v.*: Juego de palabras; del portugués *frango* (pollo), pelota fácil de defender que el arquero deja pasar

despreciar *v.*: No estimar, tener en poco, desdeñar

displicente *adj. m.*: Indiferente, de mal humor

dosificadas (sing. *dosificada*) *adj. f.*: Medidas

E

echando el bofe (ger. de *echar*): Respirando con mucha dificultad

elástico *adj. m.*: Se aplica a lo que se puede estirar o cambiar de forma

empuñando (ger. de *empuñar*): Asiendo por el puño

encrespando (ger. de *encrespar*): Erizando

enroscándose (ger. de *enroscarse*): Retorciéndose

equitativamente *adv.*: Imparcialmente, de forma igualitaria

escalando (ger. de *escalar*): Subiendo

escamas (sing. *escama*) *f.*: Pequeñas láminas que cubren los cuerpos de los peces

escayola *f.*: Yeso calcinado que se usa en la escultura

esplendor *m.*: Lujo, elegancia, pompa

estanque *m.*: Receptáculo de agua construido para almacenar agua, lago artificial pequeño

estremecíanse (imperf. de *estremecerse*): Temblaban

exactitud *f.*: Precisión, cuidado, regularidad

extenuación *f.*: Debilitamiento o cansancio extremo

extremándose (ger. de *extremarse*): Llevándose al extremo

F

faz *f.*: Cara, rostro

ferocidad *f.*: Brutalidad

flequillo *m.*: Cabello recortado que se deja caer sobre la frente

fonético *adj. m.*: Relacionado con el sonido del lenguaje

frangueiro *m.*: Del portugués *frangueiro*; arquero inepto que deja pasar muchos *frangos*

fruncirán (fut. de *fruncir*): Arrugarán la frente en reacción al dolor o a un gusto ácido

G

gajos (sing. *gajo*) *m.*: Ramos de árboles o plantas

gaviota *f.*: Ave que vive cerca del mar y se alimenta de pequeños peces

guardapelo *m.*: Medallón donde se guarda un mechón de pelo

H

helechos (sing. *helecho*) *m.*: Primitivas plantas cuyas hojas en forma de plumas son muy largas y recortadas

heredé (pret. de *heredar*): Recibí lo que me dejó alguien

hojalata *f.*: Lámina de metal. Se usa, entre otras cosas, para la fabricación de latas de conserva

homenajear *v.*: Rendir honor a una o varias personas, en un acto público

I

impactante *adj. m.*: Que tiene efectos importantes

indignación *f.*: Enfado, enojo

inmundas (sing. *inmunda*) *adj. f.*: Asquerosas, repugnantes

instintivamente *adv.*: Sin pensarlo

insubordinación *f.*: Rebeldía

J

jurisprudencia *f.*: Conjunto de leyes y disposiciones, ciencia legal

L

lateral derecho *m.*: El jugador ubicado en el centro a la derecha del campo de juego

lechuza *f.*: Búho, tecolote, múcaro

litigantes (sing. *litigante*) *m.*: Los que participan en un pleito legal

lodoso *adj. m.*: Color de lodo, barro

los peros *m.*: Las dudas

luce (pres. de *lucir*): Viste bien

luminosidad *f.*: Capacidad para despedir luz

M

malquererte (inf. de *malquerer*): No quererte, odiarte

maraca *f.*: Instrumento musical, hecho de una calabaza ahuecada, y relleno con semillas o piedras

menea (pres. de *menear*): Mueve, agita

mesón *m.*: Hostal, hostería, parador

musgo *m.*: Pequeñas plantas que crecen sobre las piedras y los árboles cuando hay humedad

N

narigudos (sing. *narigudo*) *adj. m.*: Que tienen la nariz muy grande

nivelar *v.*: Igualar, equilibrar

notables (sing. *notable*) *adj. m.*: Conocidos, importantes

nudosa *adj. f.*: Que tiene nudos

O

obsequios (sing. *obsequio*) *m.*: Regalos

occidental *adj. f.*: Persona u objeto que proviene de un lugar localizado en el punto cardinal por donde se pone el sol; conjunto de países de varios continentes, cuyos idiomas y culturas se originan en Europa

ondular *v.*: Formar ondas al moverse

oscilaciones (sing. *oscilación*) *f.*: Balanceos

otoñales (sing. *otoñal*) *adj. m.*: Que pertenece al otoño

P

padecer *v.*: Sufrir

parar mientes *v.*: Pensar

parra *f.*: Planta que produce la uva

patica *f.*: Patita

patrullaba (imperf. de *patrullar*): Vigilaba

péndulo *m.*: Cuerpo pesado suspendido por un hilo o una varilla que puede oscilar debido a la fuerza de gravedad; en el reloj, regula la marcha

perfil *m.*: Postura en que se deja ver solamente una de las dos mitades laterales del cuerpo

petardos (sing. *petardo*) *m.*: Cilindros cuyas cavidades se llenan de pólvora y que al prenderles fuego producen detonaciones

pichones (sing. *pichón*) *m.*: Crías de ave

pizarra *f.*: Material para construir techos; también tablón fijo en la pared de un salón de clase donde se escribe con tiza

podés (pres. de *poder*): Forma de decir "puedes" en muchos países de Latinoamérica, del verbo poder

pollerita *f.*: Diminutivo de pollera, falda

pómulos (sing. *pómulo*) *m.*: Huesos de las mejillas

poseo (pres. de *poseer*): Tengo

práctica *f.*: Curso en el cual se aprende haciendo las cosas, a diferencia de leyendo sobre cómo se hacen

precipita (pres. de *precipitar*): Cae

predicaban (imperf. de *predicar*): Aconsejaban, pronunciaban un sermón

predilección *f.*: Preferencia por algo

previsible *adj. f.*: Que se puede prever

primer tiempo *m.*: Primera mitad del juego de fútbol

prorrumpió (pret. de *prorrumpir*): Voceó, gritó

protocolo *m.*: Etiqueta, elegancia extrema

pulpa *f.*: Parte carnosa de una fruta

puntero *m.*: El jugador que lleva la pelota adelante

puntualidad *f.*: La cualidad de llegar a la hora exacta

Q

queso de bola *m.*: Queso fabricado originalmente en Holanda, en forma de bola

quioscos (sing. *quiosco*) *m.*: Tiendecitas o puestos donde se venden revistas y diarios

R

reanudó (pret. de *reanudar*): Recomenzó

rectificaré (fut. de *rectificar*): Corregiré

recurrir *v.*: Buscar remedio o solución en un apuro

redención *f.*: Remedio, recurso, refugio

remangamos (pres. de *remangar*): Variante de arremangamos; subimos las mangas

rocío *m.*: Condensación de agua sobre las plantas por la mañana y por la noche

rodete *m.*: Rosca de pelo que se hace como peinado (México: "chongo")

rotundamente *adv.*: Totalmente, terminantemente

S

sitiar *v.*: Cerrar todas las salidas, cercar, rodear

soborno *m.*: Dádiva que corrompe

sonriente *adj. m.*: Que sonríe, contento(a)

suegra/o *f./m.*: Madre del marido o de la esposa; padre de la esposa o del marido

sumos (sing. *sumo*) *adj. m.*: Más grandes

superficie *f.*: La parte de afuera de algo

suscitar *v.*: Provocar, causar

suspendido *adj. m.*: Colgado

T

talle *m.*: Cintura

tambo *m.*: Lugar donde se crían o guardan vacas para vender leche

terneritos (sing. *ternerito*) *m.*: Crías machos de la vaca

titubeé (pret. de *titubear*): Dudé, no sabía qué hacer o decir

travesaño *m.*: En algunos deportes, larguero horizontal de la portería

trébol *m.*: Planta con pequeñas hojas color verde oscuro en grupos de tres; se dice que encontrar una ramita de cuatro hojas trae buena suerte

turgencia *f.*: Hinchazón, tumefacción

V

vago *adj. m.*: Indefinido

vallas (sing. *valla*) *f.*: Cercos que se levantan para defender o delimitar sitios e impedir la entrada en ellos

veleta *f.*: Pieza giratoria que colocada en el techo de una casa sirve para indicar la dirección del viento

volante defensivo *m.*: El jugador que puede atacar o defender

volantes (sing. *volante*) *f.*: Decoraciones de tela para un vestido de mujer

Y

yerbabuena *f.*: Hierba parecida a la menta

Z

zaguero *m.*: Jugador que se coloca atrás, defensor

Acknowledgments (continued)

The Heirs of Julio Camba
"El tiempo y el espacio" from *La rana viajera* by Julio Camba, Espasa-Calpe S.A., Madrid © 1968. Reprinted with thanks to Consuelo Camba and children.

Nellie Campobello
"Las rayadas" by Nellie Campobello from *Cartucho: Novela de la revolución Mexicana*, Editorial Aguilar, Mexico, 1972. Reprinted by permission.

The Heirs of Eduardo Carranza
"Don Paramplín" from *Los pasos cantados* by Eduardo Carranza, Ediciones Cultura Hipánica. Reprinted with permission of the heirs of Eduardo Carranza.

Chronicle Books
"Mestizo" from *Snake Poems: An Aztec Invocation* by Francisco X. Alarcón. Copyright © 1992 by Francisco X. Alarcón. Translated by the author. Reprinted by permission of Chronicle Books.

Ediciones Colihue
Gustavo Roldán, "Buenos consejos" from *La verganza de la hormiga: Cuentos callejeros contados por Gustavo Roldán*, Ediciones Colihue. Reprinted with permission of Ediciones Colihue.

Ediciones de la Flor, SRL
"Aprendizajes" from *Mundo mi casa* by María Rosa Oliver © 1995 by Ediciones de la Flor SRL, Buenos Aires, Argentina. Reprinted by permisison of Ediciones de la Flor, SRL.

Ediciones del Sol, SRL
"Dapik Lta, el dueño de la miel" by José Benítez, from *Cuentos verdes: El hombre y la naturaleza*. Copyright © Desde la Gente, Instituto Movilizador de Fondos Cooperativos, C.L.,1993. Reprinted by permission of Ediciones del Sol, SRL.

Ediciones Ekaré
"La leyenda de Maichak" reprinted by permission of Ediciones Ekaré, Caracas. From *Cuentos, mitos y leyendas para niños de América Latina* " 1981 Ediciones Ekaré - Coedición Latinomericana.

Gloria Fuertes
"De los periódicos" from *Antología poética* by Gloria Fuertes, PLAZA & JANES, S.A., © 1972. Reprinted with permission of Gloria Fuertes.

José García Villa
"Lírica 17" from *Have Come, Am Here* by José García Villa. Copyright 1942 by José García Villa; copyright renewed © 1969 by José García Villa. Translated and reprinted by permission of the author.

Heirs of Nicolás Guillén
"No sé por qué piensas tú" by Nicolás Guillén from *¡Patria o Muerte! The Great Zoo and other poems by Nicolás Guillén* . Copyright © 1977 by Robert Márquez. Reprinted by permission of the heirs of Nicolás Guillén.

Harcourt, Brace & Company & Fondo de Cultura Económica
"Primero de secundaria" from *Baseball in April and Other Stories* by Gary Soto. Copyright © 1990 by Gary Soto. Reprinted by permission of the publisher. "Primero de secundaria" from *Béisbol en abril* by Gary Soto. Translated by Tedi López Mills, D.R. © 1993, Fondo de Cultura Económica, México. Reprinted by permission.

Jorge Heraud Cricet
"Arte póetica" by Javier Heraud from *Poesías completas y homenaje*, Industrial Gráfica, ©1964. Reprinted by permission of Jorge Heraud Cricet.

Henry Holt and Company, Inc.
"Traduciendo la casa de mi abuelo" by E. J. Vega. Copyright © E. J. Vega. Translated by Johanna Vega. Reprinted by permission of Henry Holt and Company, Inc. from *Cool Salsa* edited by Lori M. Carlson. Collection copyright © 1994 by Lori M. Carlson.

Heirs of Federico García Lorca
"La tarara" and "Pajarita de papel " by Federico García Lorca from *Obras Completas,* (Aguilar, 1993). © Herederos de Federico García Lorca. All rights reserved. Reprinted by permission of the Heirs of Federico Garcia Lorca, c/o William Peter Kosmas, Esq., 77 Rodney Court, 6/8 Maida Vale, London W9 1TJ, England.

Pat Mora
"Líder en el espejo" by Pat Mora, translated and reprinted by permission of the author. First appeared in the Fall '94 edition of *Teaching Tolerance.*, © 1994 Southern Poverty Law Center.

Grupo Editorial Norma S.A.
'Diálogo en el jardín" by Oswaldo Díaz Díaz adapted by Maritza Charris and Marcela M. Arbeláez and "La piedra de la felicidad" by Carlos José Reyes, originally published by Biblioteca Popular de Colcultura, adapted by Maritza Charris and Marcela M. Arbeláez both from *Antología Comunicativa 5*, Editorial Norma S.A., ©1988. Reprinted with permission of Editorial Norma S.A.

Juliet Piggott Wood
"Popocatepetl & Ixtlaccihuatl" from *Mexican Folk Tales* by Juliet Piggott. Copyright © Juliet Piggott 1973. Translated by permission of the author.

Provincia Franciscana de la Santisima Trinidad
"Caricia" and "Dulzura" by Gabriela Mistral. Reprinted by permission of Father Héctor Mozó Ramírez of the Provincia Franciscana de la Santísima Trinidad, administrator of the author's rights.

Alberto Ríos
"Nani" by Alberto Ríos. © 1982 by Alberto Ríos. First published in Whispering to Fool the Wind (Sheep Meadow Press). Translated and reprinted by permission of the author.

Sergio Andrade Sant'anna e Silva
"En el último minuto" by Sergio Andrade Sant'anna e Silva from the notes of Manfredo Rangel, Reporter, Editora Betrand, Rio de Janeiro, Brazil, 1991. Reprinted with the permission of the author.

Santillana, S.A.
"El Héroe" by Isabel Molina from *Antología de la literatura infantil española /2*, Carmen Bravo-Villasante, Editorial Doncel, ©1983. Reprinted by permission of Santillana, S.A.

University of Notre Dame Press
From *Niño de barrio* by Ernesto Galarza. © 1971 by the University of Notre Dame Press. Translated and reprinted by permission of the University of Notre Dame Press.

Vintage an Imprint of Random House, Inc.
"Cómo se come una guayaba" from *Cuando era Puertorriqueña* by Esmeralda Santiago. Copyright © 1994 by Esmeralda Santiago. Reprinted by permission of Vintage Books, a Division of Random House Inc.

Note: Every effort has been made to locate the copyright owner of material reprinted in this book. Omissions brought to our attention will be corrected in subsequent printings.

Photo and Fine art Credits

Cover: A Portrayal of Times Past (detail) by Vincent Valdez Courtesy of Levi Strauss and Co. Photographed by D. Clarke Evans; **2:** Yesinia Peralta; **3:** Superstock; **5:** Superstock; **7:** Evans-Tibbs Collection; **9:** Myrleen Ferguson/PhotoEdit; **10:** Ruben Guzman; **11:** *Madre Campesina* 1924 David Alfaro Siqueiros (1896-1974) Col; INBA: acervo NAM; **15:** *El Pantalon Rosa*: 1984: Cesar Martinez: acrylic on canvas 60"x50" DagenBela Graphics; **16:** Courtesy of the author: Photo by Carolyn Soto; **17:** Frederica Georgia/Photo Researchers; **26:** Photofest; **29:** Dan Potash; **30:** (background) Mel Digiacomo/The Image Bank; (insert) Dan Potash; **31:** New York Times Pictures; **32:** (background) Tony Perrottet/Omni-Photo Communications; (t): Tony Perrottet/Omni-Photo Communications; **35:** Courtesy of the Artist; **37:** John Lei/Omni-Photo Communications; **38-39:** Richard Hutchings/PhotoEdit; **40:** University of Notre Dame Press; **47:** Courtesy of the Author; **50:** Daniel Aubry/Odyssey/Chicago; **51:** (bottom) Addison Wesley; (top): Bachman/Stock Boston; **52-53:** *Bisbuela*: 1979 oil on crete: 10' x 15' Richard Wyatt courtesy of the artist; **53:** (bottom) Chronicle Books Photo by Annie Valva; **60:** Lou Bopp; **63:** *Carrie's Ferryboat Ride, 1985*; Robert Vickrey: © 1996 Robert Vickrey/Licensed by VAGA: New York: NY; **71:** Diane M; Lowe/Stock Boston; **75:** (left) Anna Elias; (right) Christina Salvador; **77:** Arte Publico Press; **78:** Boyd Norton/Comstock; **81:** Zefa Wegler/The Stock Market; **84:** *Procession Through Perugia*: Matricola Dei Banchieri Manuscripts Collegio Del Cambio: Perugia/Superstock; **85:** Henry Cordero; **86:** Anna Elias; **87:** Anna Elias; **91:** John Martin/The Image Bank; **92-93:** Tom McHugh/Photo Researchers; **93:** Bruna Stude/Omni-Photo Communications; **94:** (center) Scott Camazine/Photo Researchers, Inc.; **95:** (center) Tom McHugh/Photo Researchers; **96:** (top) *The Volcanos:* 1905: Jose Maria Velasco: oil on cardboard: 14"x23"; Courtesy of EDS Gallery: New York; Private Collection; (bottom) George Holton/Photo Researchers; **96-97:** (background) George Holton/Photo Reserachers, Inc.; **97:** *Map of Tenochtitlan*: 1524 Hernando Cortes: (1485-1547) woodcut on paper: colored by hand: 12X18 in (310 X 465mm;) Photo courtesy of the Edward E. Ayer Collection, The Newberry Library, Chicago; **98-99:** Jack Parsons/Omni-Photo Communications; **100:** Tom Brakefield/The Stock Market; **103:** Anna Elias; **104-105:** Anna Elias; **106:** Jay colton/SABA Press; **106-107:** (background); **107:** Jay Colton/SABA Press; **108:** (background) ; **110:** (top center) Henry Cordero; (center) Christina Salvador; (tl) (tr): Laraine Giordano; (bottom) Laraine Giordano; **112:** (top): Anna Elias; (bl)Anna Elias; (br): Anna Elias; **119:** *The human side of technology:* ©1995 James Yang; **121:** Bill Gallery/Stock Boston; **126:** Michal Heron; **127:** Michal Heron; **130:** Superstock; **132:** Superstock; **136:** Photo courtesy of the author; **141:** Jean Marc Barey/Photo Researchers; **142:** Marco A; Rezendo /The Stock Market; **144:** (top) Superstock; (bottom) Courtesy of The Author

Illustration

Barbara Abramson: **134-135**; Paul Jermann: **21**, **23**; Jennie Nichols: **42-43**, **110**, **112**; Robin Olimb: **113-116**; Dan Potash: **12**, **14**, **25**, **65-70**, **75**, **82**, **88**

Electronic Page Makeup

Curriculum Concepts